겐샤이— 가슴 뛰는 삶을 위한 단어 수업

겐샤이
― 가슴 뛰는 삶을 위한 단어 수업

케빈 홀·민주하 옮김

연금술사

하나의 단어가 삶을 바꿀 수 있다. 단어들은 비밀번호와 같다. 그것들은 힘의 자물쇠를 풀어 준다. 그것들은 문을 열어 준다. 하나의 단어는 어떤 가르침이나 설교 못지않은 깊이를 담고 있다. 내가 나 자신을 대하는 방식으로 세상이 나를 대한다.

8	성공한 사람들의 단어 습관 _ 스티븐 코비
13	겐샤이 – 작은 존재로 대하지 않기
33	길잡이 – 길을 발견하는 사람
55	나마스테 – 당신 안의 신에게 절합니다
83	열정 – 기꺼이 고통받다
109	사페레 베데레 – 보는 법을 아는 것
133	겸손 – 비옥한 흙
151	영감 – 숨을 불어넣다
173	공감 – 다른 사람의 길을 걸어 보기
193	코치 – 사람들을 데려다 주기
213	올린 – 온 심장을 다해 행동하기
235	진실성 – 온전하고 손상을 입지 않은
255	아서와 함께한 마지막 단어 수업
260	마음에 밑줄을 긋는 긍정의 단어 _ 민주하

성공한 사람들의 단어 습관

단어는 삶의 길을 비추는 고유의 힘을 가지고 있다. 바르고 긍정적으로 사용하면 단어는 내면의 평화와 성공을 위한 디딤돌이 된다. 바르지 않고 부정적으로 사용하면 단어는 좋은 의도조차 해칠 수 있다. 일에서, 인간관계에서, 삶의 모든 길에서 이것은 진실이다. 성공으로 인도하는 단어가 있고 고통으로 이끄는 단어가 있다. 나아감의 단어가 있고 물러남의 단어가 있다. 단어는 상품을 구입하게도 하고 거부하게도 한다. 단어는 길을 안내하기도 하고 방해하기도 한다. 단어는 치유하기도 하고 죽음을 부르기도 한다. 본래의 순수한 의미에서 단어의 뜻이 무엇인가를 이해하면 그 단어의 중요성과 신성한 가치를 밝힐 수 있다. 그때 우리는 낮게 보는 것이 아니라 높게 보고, 영감을 주고, 동기를 부여하고, 희망을 주고, 가슴 뛰게 하고, 앞으로 나아가게 하는 새로운 단어들을 우리 스스로 창조할 수 있다. 바르게 사용될 때 단어는 인간의 가슴을 향해 크게 노래한다.

지난 4년 동안 케빈 홀이 이 책을 쓰는 과정에서 나는 그와 많은 이야기를 나누었고, 이 책이 '가슴 뛰는 삶'을 위한 중요한 안내서가 되리라 믿는다. 각 장에는 그가 '비밀의 단어'라고 부르는, 시대를 초월한 진리가 담겨 있다. 예를 들어, 1장에서 우리는 뜻밖의 비밀의 단어와 만난다. 그것은 고대 인도에서 온 단어로, 나는 그것이 지닌 놀라운 힘을 직접 경험한 적이 있다.

단어에 담긴 비밀들을 발견해 나가는 이 여행기를 읽으면서 우리는 이내 우리 자신의 영웅적인 여행을 발견하게 된다.

일상의 단어에 담긴 진정한 의미를 이해하고 그것의 깊이와 본질을 알면 큰 힘을 얻게 된다. 단어의 층을 하나씩 벗겨내고 그 단어가 가진 최초의 순수한 의미를 발견함으로써 우리는 오랜 시간 사용해 온 단어와 구절에 새로운 빛을 비출 수 있다. 그것들 대부분은 우리가 앞으로도 계속 사용할 단어들이다. 예를 들어 나는 늘 리더의 첫 번째 의무가 다른 사람에게 영감을 주는 것이라고 가르친다. '영감을 주다 inspire'라는 단어가 다른 사람의 꿈에 생명을 불어넣는다는 의미이며 그것의 반대말인 '끝나다 expire'가 생명을 거두어 간다는 의미임을 알 때 그 단어들이 새롭게 살아난다. 생명을 불어넣는 단어들을 배움으로써 우리는 다른 사람들이 그들의 꿈을 이루도록 도울 수 있다. 반대로 생명을 거두어 가는 단어들을 사용할 때 우리는 다른 사람의 희망과 열망을 불가능한 것으로 만든다.

또 다른 예로 '기회opportunity'라는 단어가 있다. 성공적인 사람은 문제 지향적이지 않고 기회 지향적이라고 나는 믿는다. '기회'는 도시나 상업의 장소로 물이 들어가는 입구라는 뜻의 '항구port'라는 단어에 그 어원을 둔다. 옛날에는 파도나 바람이 적당할 때 항구가 열렸고 그것은 무역이나 방문 또는 침략과 공격을 위한 기회였다. 그러나 항구가 열리는 것을 알아차린 사람만이 '열린 항구open port'를, 즉 그 '기회opportunity'를 이용할 수 있었다. 이러한 보물들로 가득한 이 책이 당신의 삶을 풍요롭게 해 주는 '기회'를 이용하라고 나는 권하고 싶다.

이 책은 일상의 대화에서 흔히 사용하는 단어 외에도 다른 언어나 문화로부터 온 독특하고 심오한 단어들을 소개한다. 예를 들어 '올린ollin'이라는 단어는 고대 멕시코의 원주민 아즈텍족에서 온 깊은 뜻의 단어이다. 이것은 대지를 뒤흔드는 지진이나 거대한 폭풍 같은 강력한 사건을 의미한다. 이 단어는 '집중적이고 즉각적인 움직임'이라는 뜻을 전한다. '올린'은 '지금 곧 온 심장을 다해 움직이고 행동하라'는 의미이다. '올린'을 경험하기 위해서는 올인해야, 즉 모든 것을 쏟아부어야 한다.

단어와 그 안에 담긴 겹겹의 의미들을 이해하는 것은 우리의 길과 목적을 발견하는 데 많은 도움이 된다. 위대한 신화학자 조셉 캠벨은 '그대의 천복을 따르라'라고 말했다. 단어는 그 천복, 즉 하늘에서 내린 복을 향한 길의 방향 표지판이다. 단어는 우리를 더 나은 지도자, 더 나은 배우자, 더 나은 부모, 더 나은 판매원, 더 나은 운동선수가 되게 한다. 단어에 내재된 힘이 부와 건강, 창조성, 자아 수행, 영성 등 바람직한 인간 특성들을 끝없이 만들어 낸다.

우리의 내면을 비추는 이 책을 앉은 자리에서 단숨에 읽을 수도 있고, 마음이 이끌리는 대로 각 장의 주제를 선택해 천천히 그 깊이를 탐구할 수도 있다. 어떤 독서 방식을 택하든 이 책에서 우리는 자신의 가능성을 여는 중요한 열쇠를 발견할 것이다.

우리의 목표와 추구와 열정이 무엇이든 간에 이 책이 영감을 주고 개인의 성장으로 이끄는 우주의 힘을 열어 주리라고 나는 확신한다. 이 심오한 책을 반복해서 읽는 동안 펜이나 연필을 꼭 곁에 두기 바란다. 나도 그렇게 할 것이다.

스티븐 코비
『성공하는 사람들의 7가지 습관』의 저자

젠샤이는 누군가를 대할 때 그가 스스로를 작고 하찮은 존재로 느끼도록 대해서는 안 된다는 뜻이다. 어느 누구도 작은 존재로 대해선 안 된다. 자기 자신을 포함해. 나 자신을 대하는 방식은 내가 세상을 바라보는 방식에 그대로 반영된다.

첫번째 단어

겐샤이 — 작은 존재로 대하지 않기

Genshai

> 인간에게서 모든 것을 빼앗아 가도 단 한 가지는 빼앗을 수 없다.
> 인간의 마지막 자유, 즉 어떤 상황에서든 자신의 태도를 선택할 자유, 자신의 방식을 선택할 자유가 그것이다.
>
> _오그 만디노

춥지만 상쾌한 겨울 오후, 나는 오스트리아의 그림 같은 도시 빈의 중심부에 위치한, 장엄하기 이를 데 없는 성 슈테판 대성당 안으로 걸음을 옮겼다.

촛불과 의자들에 둘러싸인, 소박한 액자에 담긴 마더 테레사의 젊은 시절 사진이 내 눈을 사로잡았다. 그 사진 앞에서 나는 이 작은 여성의 크나큰 삶이 세상에 미친 영향에 대해 조용히 묵상에 잠겼다. 그녀는 말없는 가운데 한 번에 하나씩의 선한 행위들을 실천함으로써 세상을 변화시켰다. 나이키의 광고 '그냥 하라(저스트 두 잇)'는 광고가 등장하기 훨씬 이전부터 그녀는 "말하지 말고 그냥 하세요."라고 속삭인 것으로 유명하다.

자신의 아이를 가진 적 없는 마더 테레사는 '큰 사랑으로 작은 일 하기'를 만트라로 삼으며 어머니 없는 사람들의 대모가 되었다. '행동하기', '실천하기', '봉사하기'. 이 단어들이 그녀가 세상에 내민 명함이었다.

나는 그녀가 남긴 유산에 깊은 영감을 받고 더 많이 실천할 것을 약속하며 대성당을 나섰다. 슈테판 대성당의 웅장한 첨탑들에 둘러싸여 있자, 더 높이 날아오르고 싶은 열망이 나를 사로잡았다. 나의 길에 놓인 기회들을 자각하고 그것들의 가치를 새롭게 인식해야 한다는 깨달음이 일었다. 나에게 무엇인가 특별한 일이 일어날 것 같은 느낌이 들었다.

그제야 그쪽 방향으로 간 이유가 생각난 나는 집에 있는 사랑하는 가족에게 줄 크리스마스 선물을 사러 발걸음을 옮겼다. 무엇인가 특별한 것을 찾아 여러 선물 가게들과 노천카페들을 지나 뒷골목들까지 돌아다닌 끝에 나는 성당에서부터 이어진 자갈 깔린 계단 아래쪽의 어느 상점 앞에서 걸음을 멈추었다. 유리 진열장을 마치 하나의 보석 상자처럼 꾸며 놓은 곳이었다. 천 파는 가게였다.

조명 아래 빛나는 비단들과 화려한 색의 옷감들이 눈을 사로잡

왔다. 내 딸 시즌의 웨딩드레스에 어울릴 완벽한 천을 발견할지도 모른다는 희망을 안고서 나는 상점 안으로 들어갔다. 세계 여러 곳에서 온 다양한 색감의 천들을 보자 공주처럼 차려입은 딸아이의 모습이 눈에 그려졌다.

나는 전혀 자각하지 못하고 있었다. 내가 걷고 있는 그 길이 나의 삶에 가장 의미 있는 선물을 발견하도록 인도해 주리라는 것을. 그 선물은 한 단어의 형태로 포장되어 나타날 것이다. 인간의 삶을 근본적으로 변화시키는 힘을 가진 하나의 단어로.

중년의 상점 주인이 이십대처럼 넘치는 에너지로 나를 향해 달려왔다. 그가 내게 환영의 손을 내밀었다. 나는 그의 커다란 갈색 눈에 압도당했다. 둥근 얼굴에, 진주 빛 하얀 이가 부드러운 갈색 피부를 더 두드러져 보이게 했다.

그는 악수를 하면서 알 듯 모를 듯 미소를 지었다. 그리고 정확한 문법의 영어로 말했다.

"어서 오세요. 내 이름은 프라빈입니다. 프라빈 체르쿠리."

가게 이름이 '인디아'이듯이 그의 목소리는 상대방을 무장해제시키는 인도인의 부드러운 억양을 담고 있었다.

나도 인사에 답했다.

"케빈 홀입니다. 만나서 반갑습니다."

나는 그에게 이토록 다양한 색깔의 천들을 구하는 데 얼마나 오래 걸렸는지 물어보려던 참이었다. 그런데 그가 먼저 내게 질문을 했다.

"옷에 꽂고 있는 그 핀은 무엇인가요?"

나는 외투 옷깃에 꽂고 있던, 백랍(납과 주석의 합금)으로 만든 핀을 뽑아 그에게 건네주었다. 그는 그것을 엄지손가락과 검지손가락으로 잡고 자세히 들여다보며 물었다.

"두 손이 서로의 손목을 잡고 있는 것은 무엇을 상징하나요?"

내가 대답했다.

"그것은 상대방에게 다가가서 희망을 주고, 서로의 짐을 덜어주는 인간의 의무를 나타내기 위한 것입니다."

프라빈은 핀을 반 바퀴쯤 돌려 살펴보며 말했다.

"이것은 마치 도움을 주는 손이 곧 도움을 받는 손이라는 의미인 것 같군요."

내가 말했다.

"핀을 만든 예술가가 전달하고자 한 것을 정확히 이해하셨습니다. 에머슨(미국의 사상가이자 수필가)은 그것을 '누군가를 진심으로 도우면 반드시 나 자신이 도움을 받는다는 것은 삶의 아름다운 보상 중 하나이다.'라고 표현했지요."

입가에 미소가 번지면서 그가 덧붙였다.

"우리가 다른 사람들을 위해 어떤 것을 간절히 바라면, 우리 자신이 종종 그것을 받게 되는 것과 같지요."

그의 말이 사실이었기 때문에 나는 고개를 끄덕였다.

프라빈이 물었다.

"그렇다면 이 핀이 당신이 이곳 빈에 온 이유인가요?"

그가 그렇게 연결 짓는 것에 놀랐지만 나는 아무 대답도 하지 않았다. 그 대신 그것이 빅터 프랭클이 마음속으로 상상해 낸 '책임의 조각상' 모형이라고 설명해 주었다. 빅터 프랭클은 그것이 미국 동부의 자유의 여신상과 짝을 이루도록 미국 서부에 세워지기를 원했었다. 그 지난주에 나는 빈에서 빅터 프랭클의 가족들과 만나 그 모형을 보여 주며 그의 꿈을 실현할 계획에 대해 의논했었다.

상점 주인은 빈 출신의 유명한 신경정신과 의사이며, 홀로코스트(나치 독일이 저지른 유태인 대학살)의 생존자이고, 『죽음의 수용소에서 Man's Search for Meaning』를 쓴 사람의 이름을 듣자 상점 주인 프라빈의 눈이 커졌다.

그는 감격한 목소리로 말했다.

"나도 빅터 프랭클을 압니다. 위대하고 고귀한 사람이었죠."

그러더니 그는 계산대 아래에서 가죽으로 된 커다란 방명록을 꺼냈다.

"빈을 거쳐 간 많은 사람들처럼 빅터 프랭클도 이 '내가 만난 위대한 사람들'의 방명록에 서명을 했습니다."

그는 몸을 구부려 내 바로 앞 계산대 위에 방명록을 펼쳐 놓으며 말했다.

"케빈, 당신도 내가 만난 위대한 사람 중 한 명입니다. 여기에 서명을 부탁해도 될까요?"

나는 페이지들을 넘기며 그곳에 적힌 이름들을 살펴보았다. 빅터 프랭클과 마더 테레사도 있었고, 마하트마 간디의 가족들 이름도 있었다. 나는 생각했다. '이 사람은 방금 나를 만났을 뿐이지 않은가.' 나는 감히 그의 방명록에 서명을 할 자격이 없다고 느꼈다. 분명 그런 위대한 사람들과 내 이름이 나란히 있을 자리가 아니었다.

잠시 어색한 침묵이 흐르고 나서 내가 말했다.

"칭찬과 배려는 고맙습니다만, 나는 내 자신이 위대한 사람이라고는 믿지 않습니다. 미안하지만 그 방명록에는 서명을 할 수가 없습니다."

그러자 프라빈은 계산대를 돌아 나와서 내 어깨에 손을 얹으며 말했다.

"당신에게 가르쳐 주고 싶은 단어가 하나 있습니다. 괜찮으시다면 나와 함께 간단히 저녁을 먹으러 갈까요?"

내 대답을 기다리지도 않고 그는 나를 상점 문 밖으로 안내했다. 성장과 발견이 종종 어느 정도의 불편함을 동반한다는 것을 차가운 바깥 공기가 일깨워 주었다.

골목을 이리저리 돌아 야채 볶는 냄새와 마늘 굽는 냄새, 생강 냄새 등을 따라가니 고풍스런 중국 식당이 나타났다.

실내장식이 평범하고 단순한 식당이었다. 회색 칠한 벽이 여덟 개의 작은 직사각형 테이블을 둘러싸고 있었다. 테이블마다 네 개의 나무의자가 자리 잡고 있었는데, 모두가 때 묻은 비닐 바닥 위에 놓여 있었다. 일부만 들여다보이는 주방에는 여섯 개의 가스스토브가 있고, 중국 요리용 팬과 소스 팬, 육수 냄비들이 가득했다. 가스스토브 위의 스테인리스 후드에는 금속 조리 기구들이 종류별로 걸려 있었다. 조리대 왼쪽에는 타원형 접시들이 쌓여 있고, 그 위 선반에는 흰색과 빨간색의 포장용기가 가득했다.

우리가 혼잡한 점심 시간과 저녁 시간 중간에 왔기 때문인지 식당 안에는 우리 두 사람뿐이었다.

요리사 한 명이 저녁 시간이면 어김없이 몰려올 손님들에 대비해 능숙하게 야채들을 자르고 썰고 있었다. 또 다른 요리사는 불꽃을 내뿜는 조리용 둥근 팬을 오른손에 들고 예술적으로 주문받은 음식을 준비하고 있었다. 그는 우리에게 등을 돌리고 스토브 앞에 서서, 마치 오케스트라 지휘자처럼 멋진 교향악 리듬에 맞춰 율동적으로 두 팔을 움직였다.

이 범상치 않은 무대가 곧 이어질 특별한 만남을 위해 마련된 무대였다. 그곳, 유럽 한복판에 위치한 중국 식당 안에서 우리의 대화가 날개를 달고 날아올랐다. 전혀 알지 못하는 두 사람이 마치 평생을 함께한 친구인 양 서로에게 속마음을 털어놓았다.

프라빈은 곧바로 본론으로 들어가고 싶어 했다. 그는 종업원을 불러 자신이 좋아하는 요리 몇 가지를 주문했다. 그런 다음 의자를 앞으로 당겨 테이블 위에 팔꿈치를 올려놓았다. 그는 내 눈을 똑바로 바라보며 물었다.

"당신은 나에 대해 무엇을 믿나요? 나는 짙은 피부이고, 당신은 흰 피부입니다. 나는 동양에서 왔고, 당신은 서양에서 왔습니다. 우리의 공통점은 무엇인가요?"

나는 그 질문에 오래 생각할 필요가 없었다. 어렸을 때부터 어머니가 내게 가르쳐준 것이 내 마음속에서 메아리쳤다. 나는 주저 없이 대답했다.

"나는 당신과 내가 같은 형제라는 것을 믿습니다. 우리는 같은 창조주에 의해 창조되었습니다. 우리는 같은 인간 가족의 구성원입니다."

나의 인도 형제는 의자에 몸을 기대며 외치듯이 말했다.

"나 역시 그렇게 믿고 있습니다!"

그 순간부터 우리의 대화는 마치 새로운 이해의 영역을 발견한 것처럼 서로의 개인적 관심사에 대한 이야기로 들어갔다.

프라빈은 자신의 어린 시절에 대해 말했다.

"나는 콜카타의 빈민가 중에서도 가장 가난한 사람들 속에서 성장했습니다. 우리 가족은 열심히 일하고 공부해서 가난의 족쇄에서 벗어날 수 있었습니다."

그는 잠시 멈췄다가 말을 이었다.

"어머니는 나에게 여러 가지 훌륭한 것들을 가르쳐 주셨습니다. 그중에서 가장 중요한 것 하나는 어떤 고대 힌디어 단어의 의미였습니다."

그 말에 나는 의자를 앞으로 당겨 앉았다.

프라빈이 계속 말했다.

"서양에서는 아마도 이것을 '자선'이라고 부를 겁니다. 하지만 이 단어는 그것보다 훨씬 더 깊은 의미를 담고 있습니다."

나는 생각했다.

'자선보다 더 깊은 의미를 지닌 단어가 무엇이지?'

그는 마치 신성한 비밀이라도 공개하듯, 경건함이 느껴지는 진지한 목소리로 말했다.

"그것은 '겐샤이Genshai'라는 단어입니다. 겐샤이는, 누군가를 대할 때 결코 그가 스스로를 작게 느끼도록 대해선 안 된다는 의미입니다."

나는 얼른 가죽으로 된 내 일기장을 꺼내 이 새로운 친구가 가르쳐 준 중요한 단어 '겐샤이'와 그 의미를 적었다.

프라빈이 계속해서 말했다.

"어렸을 때 우리는 누군가를 대할 때 상대방이 스스로를 작고 하찮게 느끼도록 말하거나 쳐다보거나 행동해서는 안 된다고 배웠습니다. 거리를 걸어가다가 걸인을 보고서 무심코 동전을 던져

주었다면, 나는 겐샤이를 실천한 것이 아닙니다. 하지만 내가 만일 무릎을 꿇고 그의 눈을 바라보면서 그의 손에 동전을 올려놓는다면 그 동전은 사랑입니다. 오직 그때, 순수하고 무조건적인 형제애를 보여 주었을 때, 진정한 겐샤이를 실천한 것입니다."

나는 몸에 전율을 느끼면서 말없이 앉아 방금 들은 말에 담긴 힘을 생각했다.

프라빈은 나를 향해 두 팔을 벌리며 선언하듯 말했다.

"케빈, 당신은 '내가 만난 위대한 사람들' 방명록에 서명하기를 거절했습니다. 그런 결정을 내렸을 때 당신은 스스로를 작고 하찮은 존재로 대한 것입니다. 겐샤이의 의미는, 당신은 어느 누구도 작고 하찮은 존재로 대해선 안 된다는 것입니다. 당신 자신까지 포함해서!"

그는 잠시 멈추었다가 진심 어린 말투로 말했다.

"이것을 약속해 줘요, 케빈. 결코 다시는 자기 자신을 작은 존재로 대하지 않겠다고. 그렇게 할 수 있지요?"

나는 겸허해져서 마음을 열고 말했다.

"그렇게 할게요, 프라빈. 그렇게 할 것을 약속할게요."

프라빈은 입이 귀에 걸리도록 활짝 미소를 지으며 의자에 몸을 기댔다. 마치 임무를 완수한 사람처럼 그의 얼굴에 빛이 났다.

불과 한두 시간 전쯤 슈테판 대성당을 나오면서 나는 그날 밤이 기억에 남는 밤이 되리라는 것을 예감했었다. 구루(힌두교의 영적 스승) 같은 나의 안내자를 바라보고 있자 '기억에 남는'이란 말이 그 한 해를 가장 잘 표현하는 단어라는 느낌이 들었다.

"프라빈, 콜카타의 성녀 마더 테레사를 만난 이야기를 해줄 수 있나요?"

"그럼요."

그가 이야기를 시작했다.

"수녀님은 늘 입는 흰색 무명 사리를 입고 인파들 사이로 걸어가고 있었습니다. 나는 큰 소리로 부르며 수녀님을 향해 달려갔습니다. 내가 가까이 가자, 수녀님은 손을 들어 내 입술에 대며 확고한 어조로 말했습니다. '말을 멈추고, 행동을 시작하세요('Stop Talking, Start Doing'은 IBM의 혁신 캠페인 광고 문구로 사용되었음).' 나는 그 순간을 생생히 기억합니다."

내가 놀라움을 참지 못하고 끼어들었다.

"오늘 밤 나를 당신 가게 앞까지 인도한 분도 마더 테레사였습니다. 조금 전 나는 대성당에 들러 그녀의 삶에 경의를 표했습니다. 그리고 삶에서 무엇인가를 더 실천하겠다고 맹세하며 성당을 나왔습니다. 그다음 내 발길이 머문 곳이 바로 당신의 아름다운 천 가게입니다."

프라빈은 말없이 내 눈을 쳐다보더니 분명하게 말했다.

"우리의 길은 오래전부터 서로 만나게 되어 있었습니다. 우리는 만날 운명이었습니다. 당신은 어떤 이유가 있어서 내 가게에 온 것입니다."

그 새로운 친구의 눈을 보자 나의 어머니가 떠올랐다. 어머니는 겐샤이라는 단어를 들어본 적도 없고 그 의미도 알지 못하셨지만, 나에게 처음으로 겐샤이를 보여 준 사람이었다. 어머니는 내 턱을 들어 올리며 말씀하시곤 했다.

"케빈, 너는 삶에서 네가 원하는 것은 무엇이든 할 수 있다. 너는 모든 가치 있는 꿈들을 이루며 살 수 있어. 너는 너의 삶에서 멋지고 의미 있는 일들을 분명히 해낼 거야."

나의 어린 시절을 떠올리자 어머니가 해 주신 그 말이 방금 들은 말처럼 귓가에 생생했다. 마치 지금 프라빈 옆의 빈 의자에 나의 어머니가 천사가 되어 앉아 있는 것만 같았다.

나의 아름다운 어머니가 집에서 평화롭게 돌아가신 지 4년이 흘렀다. 어머니는 거의 1년 남짓 암의 고통과 용감하게 싸우다가 마침내 고요하고 평온하게 죽음을 받아들이셨다.

나와 나의 가족에게, 그리고 어머니를 진실로 알았던 사람들에게 어머니는 놀라울 정도로 강하고 용기 있는 여성으로 각인되어 있다. 어머니는 열아홉 살에 두 아이를 가진 미혼모가 되어 형과 나를 키워야만 했다. 그렇지 않았다면 대학 신입생이 되었을 나이였다. 어머니는 고등학교 중퇴자였지만 독학과 직업 훈련, 그리고 순전히 본인의 강한 의지만으로 약물중독 상담사가 되어 벽에 석

사학위증을 걸어 놓은 동료들과 함께 일했다.

한때의 알코올중독을 극복한 어머니는 자신이 너무도 잘 알고 있는 악마들과 싸우고 있는 중독자들을 상담하고 위로했다. 삶의 시련들을 통해 어머니는 타인을 이해하는 법과 그들의 몸부림과 좌절을 공감하는 법을 배웠다. 그리고 그 모든 것을 통해 겐샤이의 근본 요소인 자비와 격려의 가치를 배웠다.

어머니의 장례식 때였다. 키가 크고 강한 인상의 잘생긴 남자가 눈물이 맺힌 눈으로 나에게 다가왔다. 그는 말했다. 나의 어머니가 자신의 삶을 변화시켰으며, 그것은 자신의 생명까지도 구한 것이라고. 그는 당시 자기 삶에서 가장 암울한 시기를 보내고 있었다고 말했다. 밑바닥까지 내려간 상태여서 다시 일어설 수 있을지도 확신할 수 없었다고 했다. 그렇게 말하는 그의 뺨으로 눈물이 흘러내렸다. 그는 자신도 자기 스스로를 믿지 못했을 때 나의 어머니가 자신을 얼마나 믿어 주었는가를 말했다.

그는 울면서 말했다.

"당신 어머니의 도움이 없었다면, 나는 오늘 이 자리에 없었을 겁니다."

어머니가 없었다면 나 역시 이곳에 없었을 것이라고, 그때 나도 그렇게 생각했던 기억이 난다. 어머니는 내가 이루고자 마음만 먹으면 무엇이든 이룰 수 있다고 일관되게 말씀하셨고, 다행히도 나는 어머니의 말을 믿었다. 어머니는 자신의 삶이 아무리 힘들지라도 언제나 나에게는 더 나은 세상이 될 것이라고 생각하셨다.

우리가 식당을 나섰을 때, 나는 겐샤이의 모델이 될 또 다른 인물이 떠올랐다. 비범한 인격과 회복력을 지닌 한 사람이. 그가 남긴 정신적 유산이 나를 빈까지 오게 만들었다. 바로 빅터 프랭클이었다.

일주일 전, 나는 한 가지 희망을 마음에 품고 남부 캘리포니아의 화창한 지역을 떠나 지구 반대편으로의 여행에 올랐다. 빅터 프랭클의 위대한 삶에 대해 더 많이 배우고, 그토록 나쁜 상황에서 어떻게 그토록 훌륭한 것이 나올 수 있었는지 이해하려는 희망이었다.

목적이 이끄는 92년의 삶에서 그가 3년 남짓 걸었던 그 거리를 걸으면서 나는 그에 대한 나의 배움의 과정을 시작했다. 그 젊은 의사는 또 다른 3년을 빈의 아름다움과 평온함과는 거리가 먼 나치의 강제수용소에서 공포와 잔인함과 싸우며 죄수 번호 119,104번으로 살아야 했다.

그에게 있어 그 빼앗긴 3년은 나치가 빼앗고 파괴한 또 다른 것들, 그의 아름다운 신부와 태어나지 않은 뱃속의 아이, 형과 어머니와 아버지, 그가 젊은 시절을 전부 바치며 쓴 원고들에 비하면 아무것도 아니었다.

빅터 프랭클의 생가를 찾아가 밖에서 그 집을 바라보면서, 밤의 어두운 정적 속에 들이닥친 나치가 그의 안식처를 지옥으로 바꿔 놓고 그와 그의 사랑하는 가족을 따뜻한 침대에서 끌어내어 가축 화물칸에 싣고서 강제 수용소로 보내는 장면을 상상할 때의 그 느낌을 나는 결코 잊지 못할 것이다.

그런 비극과 절망의 한가운데서 어떻게 승리를 선택할 수 있었을까? 어떻게 그는 좌절을 극복하고 일어설 수 있었을까? 나도 그런 용기를 낼 수 있었을까?

안네 프랑크처럼 그런 일을 겪고도 빅터 프랭클은 어떻게 인간의 선함을 믿는 선택을 할 수 있었을까?

이 물음에 대한 대답들은 그가 시련이 끝난 후 9일 동안 중단 없이 써내려 간 책 『죽음의 수용소에서』에 실려 있다. 이 책은 지금까지 써진 책들 중 가장 많은 영향을 미친 책 중 하나로 꼽히고 있다.

그 책에서 그는 쓰고 있다.

"인간에게서 모든 것을 빼앗아 가도 단 한 가지는 빼앗을 수 없다. 인간의 마지막 자유, 즉 어떤 상황에서든 자신의 태도를 선택할 자유, 자신의 방식을 선택할 자유가 그것이다."

그는 자신이 처한 상황에도 불구하고 그 고통의 의미와 자신의 의무와 타인에 대한 기여를 잊지 않았다. 그는 자신에게 닥친 '고통의 가치'를 선택함으로써 우리 각자에게 외부의 운명을 떨치고 일어날 능력이 있음을 증명했다.

그는 가진 것을 모두 빼앗겼으며, 익숙했던 삶의 조각들을 전부 박탈당했고, 가치 있고 의미 있는 모든 것들이 파괴되었다. 그는 하찮은 존재 중에서도 가장 하찮은 존재로 취급받았다. 그리고 고통, 배고픔, 목마름, 피곤함 속으로 던져졌다. 죽지 않고서는 더 이상 견딜 수 없는 상황 속으로. 그렇게 그는 하나의 '숫자'로 전락했지만 다시 한 사람의 '인간'이 되었다.

이름에 걸맞게 빅터Viktor는 피해자victim가 아닌 승리자victor가 되기로 선택했다. 그는 인간성을 상실한 공허한 얼굴들 속에서 인간을 발견했다. 절망의 광활한 바다에서 희망을 찾아내었다. 압도적인 저항에 직면해서도 자기 자신이나 타인을 작은 존재로 대하기를 거부했다.

다시 프라빈의 가게로 향하면서 나는 프라빈에게 내 딸의 결혼에 대해 말했다. 그는 나에게 가게로 돌아가자고 말했고, 그곳에서 석 장의 고운 비단 천과 레이스 천을 포장해 주었다. 감사를 표시하고 그와 함께 가게를 나서는데 잠시 어색한 침묵이 우리 사이에 흘렀다. 몇 백 년 된 자갈길을 걷는 우리의 발자국 소리만 유일하게 울려 퍼질 뿐이었다.

우리는 교차로에서 걸음을 멈추었다. 한쪽 길은 프라빈의 집 방향이고, 다른 쪽은 내가 묵는 호텔 방향이었다.

각자의 길로 가기 전, 프라빈이 내 앞으로 다가오더니 자기 목에 두르고 있던 목도리를 풀어 내 목에 둘러 주었다. 그런 뒤 그는 내 외투 속으로 목도리를 조심스럽게 넣어 주었다. 목도리가 내 가슴을 따뜻하게 감싸는 느낌이었다.

작별의 포옹을 하며 프라빈이 마지막으로 말했다.

"이 모두가 하나의 여행입니다, 케빈. 우리 모두는 여행 중에 있습니다."

나는 손을 흔들어 보이고 발길을 돌려 걸어갔다. 방금 배운 것을 되새기면서. 내가 얻은 배움은 단순하면서도 심오했다. '하나의 단어가 세상을 더 좋게 바꿀 수 있다'는 것이었다. 단어들은 비밀번호와 같다. 그것들은 힘의 자물쇠를 풀어 준다. 그것들은 문을 열어 준다. '겐샤이', 그 하나의 단어는 내가 그때까지 들었던 어떤 가르침이나 설교 못지않은 깊이를 담고 있었다.

단어들이 가진 힘을 깊은 차원에서 이해할 수 있게 해 준 그 지혜로운 안내자에게 나는 영원히 감사할 것이다. 나는 다시는 나 자신을 작은 존재로 대하지 않고, 겐샤이의 삶을 살기로 다짐했다. 그리고 그것과 함께 또 다른 비밀의 단어들을 사람들과 나누기로. 이런 지혜의 말이 있다.

"등불을 들고 타인의 길을 비춰 주는 사람은 자신의 길을 더 분명히 볼 수 있다."

딸에게 줄 선물 꾸러미를 들고 길을 걸어가면서 나는 '내가 만난 위대한 사람들' 방명록에 아직 채워야 할 빈 페이지가 많기 때문에 언젠가 내가 이곳에 다시 오게 되리라는 걸 알았다.

이제 내 손에 빛이 들려져 있기에 내가 가야 할 방향이 그 어느 때보다 분명해졌다. 다른 사람들을 돕기 위해 빈에 왔지만 오히려 가장 큰 선물을 받은 것은 나 자신이었다. 손에 든 꾸러미를 내려다보며 나는 미소 지었다. 매우 특별한 두 개의 선물을.

프라빈이 옳았다. 이 모두가 하나의 여행이다. 우리 모두는 선물로 가득한 여행 중에 있다.

내가 나 자신을 대하는 방식은 내가 다른 사람들을 대하는 방식에 반영된다. 내가 나 자신을 존중하고 가치 있게 대할 때, 그것은 내가 다른 사람들을 대하는 방식에 반영된다. 만일 내가 나 자신을 경멸하고 무시하면, 그것은 내가 다른 사람들을 대하는 방식에 그대로 반영될 것이다.

나는 세상을 있는 그대로 바라보지 않는다. 나 자신을 바라보는 방식으로 세상을 바라볼 뿐이다.

제임스 앨런(영국 작가로 톨스토이의 영향을 받아 작은 어촌 마을에서 사색의 삶을 살았음)은 『생각이 만드는 기적 As a Man Thinketh』에서 말했다.

"인간은 자기 자신에 의해 만들어지기도 하고 부서지기도 한다. 인간은 생각의 무기고에서 자기 자신을 파괴하는 무기를 만든다. 또한 자기 자신을 위해 기쁨과 힘과 평화의 집을 지을 연장을 만들기도 한다."

내 안에는 신성함이 있다. 내 안에는 위대함이 있다. 나는 내가 나 자신이라고 믿는 것을 내 삶으로 끌어당긴다.

'믿는다believe'는 것은 '사랑한다be love'는 의미이다. 내가 나 자신을 믿을 때, 나는 나를 사랑하는 것이다. 내가 나 자신을 사랑할 때, 나는 나를 존중하는 것이다. '존중respect'은 '보다spect'라는 뜻과 '다시re'라는 뜻을 담고 있다. '존중'은 곧 '다시 보는 것'이다.

나는 비밀의 단어인 '겐샤이'를 종이에 적어 거울에 붙여 둘 것이다. 내가 나 자신을 겐샤이로 대할 때, 세상이 나를 그렇게 대할 것이다.

리더는 길을 발견하는 사람이다. 그는 신호와 단서들을 읽는 사람이다. 그는 길을 보고, 그 길을 보여 준다. 우리 모두는 여행 중이다. 우리의 길을 따를 때 우리는 우리에게 길을 보여 주는 사람들을 만나게 된다.

두번째 단어

길잡이 – 길을 발견하는 사람

Pathfinder

한 사람이 흔들림 없이 전념하는 순간에는 신의 섭리도 따라서 움직인다. 그를 돕기 위해 보통 때라면 결코 일어나지 않았을 지도 모르는 일들이 일어난다. 누구도 꿈꾸지 못했던 뜻밖의 사건들과 만남, 물질적 지원이 그의 길에 나타날 것이다.

_ 윌리엄 허친슨 머레이

(에베레스트의 높이 측정 때 히말라야 원정을 이끈 인물)

올해의 마지막 날이다. 한 해의 마지막 시간이 다가오고 있는 지금, 나는 책상 앞에 앉아 로키 산맥 높은 곳에서 북쪽 창밖의 그림 같은 풍경을 바라보고 있다. 눈 덮인 아름다운 워새치 산맥(로키 산맥 중남부를 이루는 산맥)이 마치 거대한 말편자처럼 계곡을 에워싸고 있다. 우리 집은 해발 1,800미터 산꼭대기의 선크레스트

(햇마루)라는 이름이 잘 어울리는 고산지대에 자리 잡고 있다. 이곳에서는 태양이 날마다 산 정상에 있는 우리의 둥지 위로 하루의 첫 햇살을 비춘다.

동쪽에 위치한 장엄한 론 피크(외봉우리) 위로 태양이 서서히 눈을 뜨는 동안 나는 나의 브라질 친구 파울로 코엘료의 『순례자 *The Pilgrimage*』를 읽는다. 그의 글은 내 안에 새로운 통찰을 샘솟게 하며, 읽을 책과 적을 책 두 권을 항상 곁에 두는 것이 지혜로운 일임을 재확인시켜 준다. 나는 펜을 들어 넘치는 생각들을 일기 수첩에 정신없이 적어 내려간다.

하늘을 가로지르는 불꽃놀이 소리에 내 생각이 잠시 중단된다. 불꽃들은 처음에는 노란 호박색에서 빛나는 오렌지색으로, 그다음에는 불타는 붉은색으로 구름의 색깔을 바꿔 놓는다. 구름들을 뚫고 그 색이 터져 나올 때, 가느다란 빛줄기들이 거대한 속눈썹처럼 지평선에 가닿는다.

오늘의 시작은 한 해의 끝을 의미한다. 오늘 밤 시계가 자정을 알리면, 우리는 지나간 한 해에 작별을 고하고 새해를 맞이할 것이다. 내일 해가 뜨면 지구는 태양 주위를 도는 365일의 여행을 새롭게 시작한다. 우주의 모든 것이 연결되었음을 보여 주면서.

영국 시인 윌리엄 워즈워스의 시가 떠오른다.

'이 모든 사물들의 빛 속으로 들어와, 자연으로 하여금 그대의 스승이 되게 하라.'

그러자 지난여름에 나의 아들 코너, 그리고 다른 아버지와 아들들과 함께 론 피크 산의 기슭에 있는 거대한 빙하 협곡에 서 있었던 날이 생각난다. 론 피크는 선크레스트 위의 산봉우리들 중에서 가장 높은 봉우리이다. 바위들이 널려 있는 그곳의 풍경은 왜 그곳을 로키(Rocky는 바위가 많다는 뜻) 산맥이라고 부르는지 확실한 증거를 보여 준다. 모든 곳이 바위투성이다. 겹겹이 쌓인 바위들, 이전에 왔던 사람들이 길을 표시하기 위해 조심스럽게 쌓아 올린 돌탑들, 돌로 만든 계단들, 그리고 집채만 한 둥그런 화강암 바위 옆에 있는 돌 의자들. 이 모든 것들 위쪽으로는 거의 수직으로 깎아지른 암벽이 도시의 한 구획처럼 기다랗게 늘어서 있다. 그리고 그 너머에서 눈 녹은 물줄기가 흘러내린다.

온통 바위뿐인 그곳은 아래로는 계곡과 반짝이는 호수들이 아슬아슬하게 내려다보이고, 위로는 우뚝 솟은 론 피크의 장관이 보이는 완벽한 휴식 장소이다. 마치 어머니 대자연이 우리에게, 아래를 내려다보면서 동시에 위를 올려다보는 것은 불가능하다는 진실을 절묘하게 가르쳐 주는 듯하다.

그 바위 요새에서 위쪽을 쳐다보며 나는 깨닫는다. 뉴욕과 홍콩의 강철과 유리로 된 거대한 고층 건물들은 60층 높이의 돌 첨탑들이 하늘을 뚫을 것처럼 구름 속으로 치솟은 것에 비하면 정말 아무것도 아니라는 것을. 그 자연의 탑들 가장 높은 위치에 자연은 물에 침식된 광물질로 물음표 하나를 눈에 띄게 그려 놓았다. 그 물음표가 어찌나 큰지 눈으로 보고 있어도 믿을 수 없을 정도이다. 해발 3,300미터 높이에 10층 건물보다 높은 곳에 새겨져 있어서 경험 많은 등반가와 하이커들에게 그곳은 '물음표 벽 Question Mark Wall'으로 알려져 있다.

'물음표 벽'의 목적은 분명해 보인다. 즉, 우리가 아무리 높이 올라가더라도 우리 각자는 깊이 생각하고 물어볼 필요가 있음을 깨우쳐 주기 위함이다. 나는 이곳까지 어떻게 왔는가? 나는 옳은 길을 따라왔는가? 나는 목표를 향하고 있는가? 나는 내 앞의 장애물을 어떻게 극복할 것인가? 내가 정말로 가고 싶어 하는 곳이 어디인지 나는 분명히 알고 있는가? 나를 도와주기 위해 나의 길에서 기다리는 사람들을 나는 알아보는가?

나는 몽상에서 깨어나, 단어가 지닌 신비한 힘을 발견하기 위한 개인적인 여행길에 올랐을 때부터 나의 생각을 지배해 온 이 질문들과 대답들을 일기 수첩에 적는다.

빈에서, 나의 새로운 친구이자 안내자인 프라빈 체르쿠리가 나의 길에 나타나 그 신비한 단어 젠샤이를 가르쳐 준 이후, 나는 모든 단어들은 비밀을 가지고 있다는 사실을 가르쳐 줄 또 다른 안내자를 운명적으로 만나게 되었다.

빅터 프랭클의 가족을 만나기 위해 오스트리아를 여행한 우리 대표단의 일원이었던 변호사 빌 필모어가 그 안내자를 나에게 소개해 주었다. 내가 계속해서 일기 수첩에 무엇인가를 적는 것을 알아차리고 빌은 무엇에 대해 그렇게 쓰는지 궁금해했다.

나는 그에게 말했다.

"단어입니다. 나는 단어와 그 단어가 가진 힘에 대해 가능한 한 모든 것을 배워 나가고 있는 중입니다."

나는 수첩을 펼쳐 프라빈 체르쿠리가 가르쳐 준 신비의 단어를 적은 페이지를 보여 주었다.

빌은 체셔 고양이(루이스 캐럴의 『이상한 나라의 앨리스』에 나오는 고양이)처럼 활짝 미소를 지으며 말했다.

"좀 더 말해 주시겠어요?"

내가 설명했다.

"나는 단어의 비밀과 그 단어가 처음 생겨났을 때의 본래의 의미를 탐구하고 있습니다. 이것은 양파 껍질을 벗기는 것과 같습니다. 단어를 한 겹 한 겹 벗겨 그 단어의 순수한 의미를 알아냄으로써, 자신의 삶의 목적과 더 나은 삶을 발견하는 힘에 다가가게 된다고 나는 믿습니다."

그러자 빌은 자신이 크게 미소 지은 이유를 밝혔다.

"당신이 나의 멘토를 만나 보면 좋겠습니다. 그는 내가 아는 그 누구보다도 단어에 대해 많이 아는 사람입니다."

그 사람의 이름은 아서 왓킨스이고, 단어를 연구하는 어원학에 자신의 전 생애를 바치고 은퇴한 대학 교수라고 빌은 소개했다.

스탠포드 대학에서 언어학 박사 학위를 받았고 40년 가까이 대학에서 언어를 가르쳤다고 했다. 또한 10개 이상의 언어에 능통한 사람이고, 2차 세계대전 중에는 이탈리아 전선에서 독일군의 무전 암호 해독을 돕기도 했다는 것이었다.

빌이 말했다.

"그런데 그가 재미로 무엇을 하는지 아십니까? 그는 사람들에게 단어의 어원과 기원에 대해 가르치는 것을 좋아합니다. 그것이 그가 세상에서 가장 좋아하는 일입니다."

빌은 그가 현재 퇴직자 전용 아파트에서 살고 있다고 설명했다. 빌이 외쳤다.

"그는 의심할 여지없이 단어의 대가입니다. 당신은 그를 꼭 만나야만 해요."

빈에서 돌아온 후 불과 며칠도 지나지 않아서 나는 아서 왓킨스에게 전화를 걸었다.

그가 전화 받기를 기다리는 동안 나는 노쇠하고 창백한 사람을 상상했다. 아마도 침대에 누워 산소호흡기나 정맥주사에 의존하면서 자신의 삶으로부터 얻은 지혜의 마지막 조각을 나누기 위해 기다리는 사람을.

그러나 신호음이 반쯤 울린 뒤 그 환상은 깨지고 뚜렷하고 확신감 넘치는 목소리가 들렸다.

"아서 왓킨스입니다."

나는 말했다.

"안녕하세요. 저는 케빈 홀이라고 합니다. 빌 필모어 씨가 당신의 전화번호를 주면서 미리 말씀드려 놓겠다고 했습니다."

"아, 당신의 전화를 기다리고 있었습니다."

아서는 격식 있는 목소리로 답했지만 분명히 열정이 느껴졌다.

나는 다음 주쯤에나 약속을 정하려고 마음먹으며 말했다.

"언제 한번 만나 뵐 수 있으면 좋겠습니다."

그는 곧바로 대답했다.

"나는 오늘밤에 시간이 됩니다."

나는 손목시계를 보았다. 저녁 8시가 다 되어 가고 있었다. 나는 약간 주저하면서 말했다.

"댁까지 가려면 30분은 걸릴 것 같습니다만……"

나는 그의 잠자는 시간을 침해하거나 퇴직자 전용 아파트의 통행금지 시간을 위반하는 어떤 일도 원치 않았다. 그러나 전화기 건너편에서 들려오는 목소리는 조금도 동요하지 않고 말했다.

"좋습니다. 당신과 친구가 되면 무척 기쁠 겁니다."

아서의 집에 도착해 초인종을 누르자, 카키색 바지와 운동복 차림의 그가 문을 열었다. 신발은 검정색 컨버스 올스타(기능성 농구화)였다. 전형적인 미국 교수의 신발이었다. 이후 몇 차례 그를 방문하면서 보았듯이 늘 그 운동화를 신고 있었다. 그는 젊은 사람이 아니었다. 등이 약간 굽었고, 얼굴에는 주름이 있었다. 귀는 아주 크고, 양쪽 다 보청기를 꽂고 있었다. 미소 지을 때는 요다(영화 〈스타워즈〉에 나오는 귀가 큰 정신적 스승) 같은 평온함이 느껴졌다. 얼굴에서 풍기는 모든 것이 그의 지혜와 경험을 말해 주었다.

우리는 악수를 했고, 그가 나를 집 안으로 안내했다. 그는 뒤로 젖혀지는 안락의자에 앉았고, 나는 그의 오른쪽에 있는 긴 의자에 앉았다. 그러나 그쪽은 그의 보청기가 잘 들리지 않았기 때문에 그는 얼른 긴 의자의 내 옆으로 자리를 옮겼다. 무릎과 팔꿈치가 나와 거의 닿을 정도로 가깝게 앉았기에 그는 내가 말하는 것을 더 잘 들을 수 있었다. 나는 금방 편안함을 느꼈고 놀랍도록 마음이 자연스러웠다. 우리는 거의 40년 넘게 나이차가 있었지만 즉시 마음이 통했고, 열정에 있어서 공통점이 있었다. 나의 좋은 친구이며 베스트셀러 저자인 리처드 폴 에반스는 다음의 중국 격언을 함께 나누기 좋아한다.

'제자가 준비 되면 스승이 나타난다.'

그렇다면 나는 준비가 되었음에 틀림없었다. 왜냐하면 스승이 나타났으니까.

가로 세로 4미터가 좀 안 되는 아서의 원룸을 둘러보는 동안 그가 단어를 좋아한다는 것이 곧 분명해졌다. 그 증거가 곳곳에 있었다. 커피 테이블 위에는 아서가 시대를 초월해서 자신이 가장 좋아하는 책이라고 자랑스럽게 말한, 모서리가 가득 접힌 『신 웹스터 대학생용 사전』이 놓여 있었다. 긴 의자 한쪽에는 그의 삶의 역사가 담긴 두꺼운 양장본 책 두 권이 놓여 있었다. 두 권 모두 행간 여백 없이 2단 편집이었다. 두 권 합해 1,416쪽 분량으로, 백만 개가 넘는 단어들이 포함되어 있었다. 전혀 자신을 과시함 없이 나이 든 사람의 사무적인 태도로 그는 '고대와 현대를 통틀어 지금까지 써진 가장 길고 가장 완벽한 자서전'이라고 말했다.

화장실을 사용하러 들어갔다가 나는 거울 한가운데에 붙어 있는 '오늘의 단어'와 마주쳤다. 경이로웠다. 여기 아흔이 다 된, 언어 분야에서 최고의 자리에 오른 사람이 날마다 새로운 단어를 배우고 있었다!

그날 밤 나는 발견했다. 퇴직자 전용 아파트 어디나 그렇듯이 그곳에 사는 사람들의 지혜, 경험, 지식에는 한계가 없다는 것을. 아서의 소박한 공간에서 나는 압도되지 않을 수 없었다.

아서가 미소를 지으며 말했다.

"케빈, 당신에 대해 말해 봐요."

나는 그에게 나의 가족과 관심사에 대해 말했고, 25년 동안 리더십 훈련을 가르치고 개발해 왔다고 설명했다. 그 길을 가면서 단어와 단어가 지닌 힘에 매혹되었고, 지금은 단어에 담긴 비밀과 그것이 어떻게 우리를 목적이 충만한 삶으로 이끌 수 있는가에 대해 모든 것을 배우고 싶다고 설명했다.

그가 말했다.

"당신은 다른 사람들이 자신의 삶을 살아가도록 돕는 리더십에 관심이 있는 것처럼 들리는군요. 그럼 '리더leader'라는 단어의 기원을 살펴보면서 우리의 단어 공부를 시작해 봅시다."

그는 그 단어가 인도유럽어족에 속한 단어이며, 두 개의 단어에서 파생되었다고 설명했다. 첫 번째 부분 '리lea'는 '길path'을 의미하고, 두 번째 부분 '더der'는 '발견하는 사람finder'을 뜻한다.

그는 말했다.

"리더는 '길을 발견하는 사람pathfinder'입니다. 지도자는 길을 발견합니다. 그들은 신호와 단서들을 읽는 사람들입니다. 그들은 길을 보고, 그 길을 보여 줍니다."

그는 잠시 멈췄다가 말을 이었다.

"고대의 사냥 집단을 상상해 봅시다."

그는 극적인 효과를 위해 팔과 손을 움직이며 말했다.

"리더가 된 사람은 사냥감의 흔적을 발견하면 걸음을 멈추고 귀를 기울입니다. 숨을 멈추고 손과 무릎을 땅에 대어 단서를 찾습니다. 그리고 동물의 발굽 흔적을 관찰합니다. 그들은 땅에 귀를 대고 사냥감이 어디에 있는지 듣는 최고의 청력을 소유한 사람들입니다. 땅을 만져 보고서 그 동물이 어느 방향으로 가고 있는지 맞힐 수 있는 사람들입니다. 옛날에는 사냥감이 있는 정확한 길을 찾는 것이 생명 유지에 절대적인 일이었습니다."

그가 계속 말했다.

"리더가 된다는 의미는 길을 발견한다는 것입니다. 그러나 다른 사람들이 자신들의 길을 발견하도록 돕기 전에, 자신의 길을 알아야 합니다."

그가 해 준 말은, 리더가 된다는 의미에 대해 완전히 새로운 그림을, 그것도 단어로 된 그림을 나에게 펼쳐 보였다. 그는 지금까지 내가 전혀 상상하지 못한 차원에서 단어를 보도록 눈을 뜨게 해 주었다. 하나의 그림이 천 개의 단어만한 가치가 있다는 것이 사실이라면, 하나의 단어가 천 개의 그림만한 가치가 있다는 것 또한 사실이리라.

한 번의 짧은 방문에서 나의 새로운 스승은 하나의 단어는, 아니 모든 단어는 본래의 의미를 가지고 있으며, 그 본질을 이해함으로써 우리는 그것을 이용해 우리가 나아가야 하는 길을 밝힐 수 있다는 것을 보여 주었다.

아서를 처음 만난 그 밤에 나는 그와 두 시간을 넘게 보냈다. 우리는 열 개가 넘는 단어들을 공부했지만 단지 몇 분밖에 지나지 않은 기분이 들었다. 손목시계를 보고 어느 새 10시 30분이라는 걸 알았을 때 믿어지지가 않았다.

주차장으로 걸어가면서 나는 전율을 느꼈다. 불과 며칠 전 빈에서 프라빈을 만났을 때 경험한 느낌의 반복이었다. 처음에 나의 길은, 매우 강력한 단어를 가르쳐 주기 위해 기다리고 있는 한 안내자에게로 나를 이끌었다. 그리고 오늘밤 나의 길은, 지구를 반

바퀴 돌아 우리 집 현관으로부터 30분 거리밖에 떨어져 있지 않은 퇴직자 전용 아파트에서 모든 단어가 가진 힘에 대해 가르쳐 주기 위해 기다리고 있는 스승에게로 나를 이끌었다.

다시금 프라빈이 헤어지면서 한 말이 크고 분명하게, 그리고 진실되게 울려 왔다. 이 모든 것은 하나의 여행이라고. 우리 모두는 여행 중이라고. 우리의 길을 따를 때, 우리는 우리에게 그 길을 보여 주는 사람들을 발견한다. 이것은 그저 신비스럽거나 추상적인 개념, 은유나 비유적 표현이 아니다. 수학적으로 불가능한 말이 아니다. 이것은 실제로 매우 가능한 일이고 언제나 일어나는 경험이다.

몇 해 전 나는 보이스카우트 단장으로서 대원들과 함께 와이오밍 주 북서쪽 그랜드티턴 국립공원으로 여름 캠프를 갔다. 리더들을 포함해 모두 열여덟 명이었다. 아침에 소년 대원들은 하이킹 공훈 배지(보이스카우트에서 수여하는 공로 배지)를 받기 위한 가장 힘든 의무 코스인 지옥의 30킬로미터 하이킹을 출발하기로 되어 있었다. 나는 삶의 방향을 정하고 집중력을 갖는 데 있어서 목표를 설정하는 일의 중요성을 말하기 위해 대원들을 야영장의 모닥불 주위에 모이게 했다.

올림픽 체조 금메달 2관왕 선수이며 미국 최고의 강연자인 피터 비드마르가 최근에 내게, 세계적으로 존경 받는 인간 행동연구가이며 채플 힐의 노스캐롤라이나 대학 교수인 제럴드 벨 박사의 학회 세미나에 참석했던 경험을 들려주었다. 피터 비드마르는 벨 박사가 최근에 끝마친, 경영 일선에서 퇴직한 중견 간부 4천 명의 삶에 대한 설문 조사를 이야기했다. 벨 박사는 집이나 노인복지회관, 혹은 재활병원으로 찾아가 평균 나이가 70세인 이 성공한 사업가들에게 단 한 가지의 질문을 했다.

'만일 삶을 다시 살 수 있다면, 당신은 무엇을 다르게 할 것인가?'

나는 보이스카우트 대원들에게 제럴드 벨 박사에 대한 신뢰성을 높이기 위해, 그가 노스캐롤라이나 대학 농구팀이 미국 선수권 대회에서 우승하도록 도와준 방법에 대해 말해 주었다. 당시 신입생이던 마이클 조던이 그 팀에 있었다. 정규 시즌이 시작되기 전, 벨 박사와 코치 딘 스미스는 모든 선수들의 사물함에 그해의 선수권 대회 결승전이 벌어지는 루이지애나 슈퍼돔 경기장의 포스터를 붙였다. 모든 선수들이 그 슈퍼돔에서 경기하는 자신의 모습을 마음속으로 그릴 수 있게 하기 위해서였다. 그 포스터는 선수들이 고도로 훈련에 집중하게 만드는 긍정적인 시각적 이미지 역할을 했다. 날마다 연습 시작 전과 후에 선수들은 사물함 문을 열고 닫았으며, 그럴 때마다 그곳에 그들을 응시하며 그들이 이루어야 할 목표를 상기시키는 것이 붙어 있었다. 그 포스터가 그들에게 말했다.

'넌 할 수 있다. 이 시합에 집중하라. 너는 그럴 자격이 있다. 이것은 충분히 가치 있는 일이다!'

시즌 내내 선수들은 자신들의 목표를 볼 수 있었다. 사물함 문을 닫을 때면 거의 응원의 함성까지 들을 수 있었다. 그리고 시즌 마지막에 선수들은 마침내 자신들이 상상해 온 것을 이루었다. 그들은 실제로 루이지애나 슈퍼돔에서 결승전 경기를 치렀고, 마이클 조던이 결승골을 성공시켜 미국 선수권 대회에서 우승을 차지했다.

그 놀랄 만한 해가 지난 후, 벨 박사와 딘 스미스는 뉴욕 타임스 베스트셀러가 된 『캐롤라이나 방식 *The Carolina Way*』을 공동 집필했다. 나는 스카우트 대원들에게, 딘 스미스는 마이클 조던의 신체적 코치였고, 제럴드 벨 박사는 그의 정신적 코치였다고 설명했다.

12세에서 14세의 스카우트 대원들이 나를 쳐다보는 동안, 나는 '삶을 다시 살 수 있다면 무엇을 다르게 할 것인가'라는 벨 박사의 질문에 그 70세의 중견 간부들이 한 대답을 말해 주었다.

다른 어떤 대답보다도 가장 압도적으로 많이 나온 대답은 이것이었다.

'나는 내 삶을 책임질 것이고, 나의 목표를 좀 더 일찍 정할 것이다. 삶은 연습이 아니다. 삶은 실전이다.'

나는 설문 조사의 나머지 답변들도 대원들과 공유했다.

2. 건강을 더 챙길 것이다.

3. 돈을 더 잘 관리할 것이다.

4. 가족과 더 많은 시간을 보낼 것이다.

5. 자기 계발을 위해 더 많은 시간을 쏟을 것이다.

6. 더 즐겁게 살 것이다.

7. 나의 경력을 더 잘 계획할 것이다.

8. 더 많이 베풀 것이다.

모닥불 주위에 모인 소년들의 감수성 풍부한 얼굴들을 보니 관심의 정도가 다 달랐다. 나의 목적은 그들이 자신의 미래에 대해, 그리고 더 절박하게는 그날 그들이 할 일에 대해 생각하도록 하기 위한 것이었다. 오늘 하이킹의 진정한 목적은 무엇인가? 그 목적에 얼마나 마음을 집중하고 있는가? 그것을 이루어 낼 결심이 서 있는가? 단지 요구되는 것을 마무리하는 것에 만족하는가, 아니면 더 높은 시야를 원하는가?

하이킹을 하는 동안, 대원 몇 명이 뒤처지기 시작했다. 나는 대원들에게 스트링 호수(그랜드티턴 국립공원에 있는 천연 호수)까지의 정해진 거리 30킬로미터보다 1킬로미터 더 떨어진 베어파우 호수까지 갈 것을 제안했다. 만일 그곳까지 갔다가 스트링 호수로 돌아오게 되면 총 32킬로미터의 하이킹을 하게 되는 것이었다. 누구든지 추가 거리를 갔다가 오는 사람에게는 밀리언달러 카우보이 스테이크 하우스에서 생애 최고의 저녁 식사가 될 스테이크를 사 주겠다고 나는 약속했다. 추가 거리를 가면 보상이 있다는 것을 대원들은 알게 되었다.

열다섯 명의 대원들 중에서 네 명의 도전자가 나왔다. 우리는 나머지 단원들을 뒤로 하고 요구된 것 이상 가겠다는 일념으로 열심히 달리기 시작했다. 그러나 몇 킬로미터 지나자 우리는 갈림길에 도달했다. 한쪽 길은 스트링 호수까지 빠르고 쉽게 가는 길이고, 다른 쪽 길은 베어파우 호수로 이어지는 인내심이 더 요구되는 힘든 길이었다. 그러자 대원들 중 두 명이 마음을 바꾸었다. 흥미롭게도, 그 두 명은 그들의 삶에서 힘든 도전을 경험해 본 적이 없는 소년들이었다. 어떤 사람들은 많은 특권을 물려받아 3루에서 태어났지만 자신이 3루타를 쳤다고 생각하면서 인생을 살아간다. 우리가 갈림길에 도착했을 무렵, 두 소년은 가능한 한 빨리 하이킹을 마치는 것에 만족했다. 베어파우 호수까지 가는 대신 그들은 스트링 호수로 곧장 가는 최단 코스를 택했다.

그들과는 다르게 남은 두 명의 대원은 항상 도전을 맞이할 준비가 되어 있고, 기꺼이 더 높이 올라가고, 모험하고, 성장해서 자신들의 만족 범위를 넓히는 소년들이었다. 열두 살에서 열네 살 사이의 소년들을 지켜보는 것은 인상적인 일이었다. 어떤 가정환경이 이들에게 그러한 도전 정신이 스며들게 했을까?

우리가 베어파우 호수까지 갔다가 되돌아오는 길이었다. 우리의 최종 목표 지점에 도달하기까지는, 그리고 스테이크 저녁 식사까지는 800미터 정도의 완만한 내리막길만이 남아 있을 때였다. 오솔길 아래쪽을 내려다보는데 탄탄한 몸에 멋진 걸음으로 달려오고 있는 남자가 눈에 띄었다. 안경을 썼고 50대 중반쯤으로 보이는 그 남자는, 우리가 흔히 달리기를 하는 사람들에게서 볼 수 있는 고통스러운 표정 대신 환한 미소를 짓고 있었다. 나는 새로운 동행자가 나타나 무척 기뻤다. 우리의 목표 지점보다 더 멀리 간 그곳은 사람들이 드문 곳이었다. 더 가까이 오자, 그는 큰 소리로 물었다.

"당신이 보이스카우트 단장 케빈 홀씨입니까?"

나는 마음속으로 혼자 농담을 했다.

'빛쟁이가 여기 그랜드티턴 국립공원에 있는 나를 어떻게 발견했지?'

나는 대답했다.

"네, 맞습니다."

그가 말했다.

"방금 전에 당신의 스카우트 대원 두 명과 우연히 마주쳤는데, 당신들이 길을 잃어 돌아오는 길을 찾지 못할까 봐 대원들이 걱정하더군요. 내가 함께 달리면서 길을 알려드려도 괜찮을까요?"

나는 웃으면서 대답했다.

"고맙습니다. 길을 대충 알고는 있지만 함께 가 주신다면 대환영입니다."

나는 그에게 그랜드티턴에는 무슨 일로 오게 되었는지 물었다. 그는 대답했다.

"휴가 중입니다. 나는 이 지역을 무척 좋아합니다."

나는 그에게 어디서 왔는지 물었다.

"노스캐롤라이나에서 왔습니다."

"노스캐롤라이나 어느 지역에서요?"

"채플 힐이요."

그 말에 나는 다시 물었다.

"혹시 제럴드 벨 박사를 알고 있지는 않겠지요?"

그러자 그는 갑자기 걸음을 멈추었다. 나도 마찬가지로 걸음을 멈춰야 했기 때문에 우리 뒤에서 달려오던 두 대원이 우리의 등에 거의 부딪칠 뻔했다.

그는 믿어지지 않는다는 표정으로 나를 쳐다보며 말했다.

"내가 바로 제럴드 벨입니다."

이 우연한 만남에 누가 더 놀랐는지는 잘 모르지만, 우리는 놀라움이 진정되자 다시 달리기 시작했다. 나는 그에게 바로 그날 아침 야영장 모닥불 주위에서 4천 명의 퇴직 간부들을 대상으로 한 그의 연구에 대해 대원들에게 들려준 이야기를 했다.

나는 그에게 물었다.

"만일 그들이 인생을 다시 살 수 있다면 다르게 했을 한 가지가 그들의 삶의 목표를 더 일찍 정했으리라는 게 사실인가요?"

그가 말했다.

"전적으로 사실입니다."

두 소년 대원은 우리의 길이 말 그대로 마주쳤다는 사실에 무척 신기해하며 좋아했다. 그 순간 그 장소에서 우리와 나란히 오솔길을 달리고 있는 제럴드 벨 박사 말고, 우주의 누군가와 이야기를 해도 이보다 더 기쁠 수는 없었다. 그는 자신의 연구를 통해 얻은 통찰과 세부 내용들을 들려주면서, 목표 설정을 통해 자신의 삶에 책임을 지는 일의 중요성을 열정적으로 강조했다. 그 두 명의 소년 대원은 조금만 더 나아가면 놀라운 일이 일어난다는 중요한 교훈을 배웠을 것이다.

헤어질 때 나는 벨 박사에게 물었다. 내가 스카우트 대원들과 그의 연구에 대해 이야기를 나눈 바로 그날 그 오솔길에서 그와 마주칠 확률이 얼마나 된다고 생각하는지를. 그는 숫자로 표현할 수는 없겠지만 아마도 1조 분의 1정도 될 것이라고 말했다. 또는 소년 대원 중 한 명의 말처럼 '무한대 분의 1'일 것이다.

그러나 그런 일이 실제로 일어났으며, 그리고 그런 일은 일어난다. 조셉 캠벨(미국의 신화학자로 20세기 최고의 신화 해설자)은 『신화의 힘 *The Power of Myth*』에서 그것을 생생하게 가르쳐 주었다.

"그대의 천복을 따를 때 그대는 태초부터 그곳에서 그대를 기다리던 길로 들어서게 된다. 그대는 자신의 천복의 들판에 있는 사람들을 만나기 시작한다. 그러면 그들이 문을 열어 준다."

어떤 사람들은 그것을 우연이나 뜻밖의 일 또는 단순히 행운의 결과로 보는 쪽을 선택할지 모른다. 그러나 나는 안다. 우리가 목표를 이루고자 열망할 때, 우리가 맺는 각각의 관계가 또 다른 새로운 관계들로 계속해서 이어진다는 것을.

내 인생의 중요한 부분을 인간의 잠재 능력과 발달에 대한 연구에 바치면서 깨달은 사실이 있다. 자신의 진정한 길과 목적을 따르는 사람들은 다음의 다섯 가지를 실천한다는 것이다.

1. 그들은 삶의 길에서 자신을 안내해 주는 단서들을 읽는다.
2. 그들은 자신이 어디로 가고 있는지 매우 분명하게 안다.
3. 그들은 자신의 타고난 재능을 알고 받아들인다.
4. 그들은 의미 있는 기여를 위해 기꺼이 자신을 희생한다.
5. 그들은 자신의 천복을 따르고, 그 결과 그 길에서 그들의 여행을 안내하기 위해 기다리고 있는 사람들을 만난다.

파울로 코엘료는 『순례자』의 마지막 문장에 썼다.
"언제나 사람들은 누군가 자신을 기다리고 있는 그 장소에 정확한 순간에 도착한다."
두 권의 책을 가지고 다니는 것은 나의 길을 발견하는 데 매우 중요하다. 위대한 모험 작가 로버트 루이스 스티븐슨(『보물섬』, 『지킬 박사와 하이드』를 쓴 영국 작가)은 말했다.

"나는 소년기와 청년기 내내 호주머니에 언제나 두 권의 책을 넣고 다녔다. 한 권은 읽을 책이고, 한 권은 글을 적을 책이었다."

고대 프랑스 어에서 '일기journeè'는 '하루'의 여행을 의미했다. 나의 일기는 내가 날마다 나의 길에서 발견하는 단서들의 기록이다. '일기journal'는 '하루'를 뜻한다.

나는 날마다 다음의 네 가지를 알 필요가 있다.

1. 나의 길에 나타난 사람들People은 나의 목적이 이루어지도록 돕는다.
2. 행동Actions은 기회를 잡는다.
3. 생각Thoughts은 내가 의미 있고 중요한 삶을 창조해 나가도록 돕는다.
4. 행복Happiness과 천복의 순간들.

사람들, 행동, 생각, 행복. 이것이 길PATH을 만든다!

나마스테는 '당신 안의 신에게 절합니다. 신이 당신에게 준 재능에 경의를 표합니다.'라는 뜻이다. 온 우주가 머무는 당신 내면의 장소에 절한다는 의미이다. 그리고 당신이 가장 잘하는 일에 존경을 표한다는 뜻이다. 그것은 나 자신을 향한 인사이기도 하다.

세번째 단어

나마스테 – 당신 안의 신에게 절합니다

Namaste

밤이나 낮이나 우리를 다른 사람들처럼 만들기 위해 애쓰는 이 세상에서, 다른 누구도 아닌 자기 자신이 된다는 것은 인간으로서 가장 힘겨운 전투에 나가서 싸운다는 뜻이다.

_E. E. 커밍스

캘리포니아 해변을 따라 내가 걷기 좋아하는 길이 있다. 그 길은 해안가를 본떠 구불구불 이어져 있으며, 모래사장이 바로 옆에 있고 그 너머에서는 태평양의 맥박이 전해진다. 햇빛은 따뜻하고, 바람은 한결같으며, 짠맛 섞인 바다 내음으로 기분이 좋다. 모래사장에서는 사람들이 해변용 의자에 앉아 책을 읽거나 일광욕을 하고, 저 멀리 달려갔다가 돌아오기도 한다. 한편 아이들은 모래성을 쌓고, 서퍼들은 파도를 타며, 수평선에는 배들이 물살을 가르며 멀리 있는 육지들을 향한다. 그곳을 좋아하는 사람들만 이끌리는 장소에서는 분위기가 평온하고, 다정히 나누는 인사 속에 그 분위기가 녹아 있다. 그 길에서 만난 누군가에게 미소 지으며 인사를 하면, 상대방도 나에게 미소 지으며 인사하리라는 것은 틀림없는 사실이다.

그런데 만일 내가 "안녕."이나 "안녕하세요." 혹은 "잘 지내세요?"라고 하는 대신 "나마스테Namaste."라고 인사한다면 사람들이 어떤 반응을 보일지 궁금했었다. 하지만 나의 가족이 놀랄까 봐 실제로 그렇게 해 본 적은 없다. 그러나 동양에서 서양으로 전해져야만 하는 하나의 단어가 있다면 그것은 "나는 당신 안의 신에게 절합니다. 나는 신이 당신에게 주신 재능에 경의를 표합니다."라고 번역되는 이 신성한 인사말일 것이다.

상대방에 대한 존경을 나타내는 그러한 인사말에는 독특하고 경건한 표현 방식이 뒤따르는 것이 당연한 일이다. 인도인들은 "나마스테."라고 말하기 전에 두 손바닥을 서로 맞대고 고개를 살며시 숙이며 합장한 손을 가슴에 댄다. "나마스테."라는 인사를 흔히 나누는 요가 수행자들은 그 동작을 잘 안다.

알버트 아인슈타인은 뉴스를 통해 마하트마 간디가 인도의 거리에서 두 손을 모으고 사람들에게 인사하는 것을 보고 '나마스테'라는 단어와 그 의미를 알았다. 아인슈타인은 간디에게 편지를 써서 그가 사람들에게 한 인사말의 의미가 무엇인지 물었다.

간디가 답장을 보냈다.

"나마스테입니다. 이 말은 '나는 온 우주가 거하는 당신 내면의 장소에 절합니다. 빛과 사랑, 진리와 평화 그리고 지혜가 깃든 당신 내면의 장소에 경의를 표합니다.'라는 뜻입니다."

이 하나의 단어가 세상에 줄 수 있는 영향이 어떨지 상상해 보라. 당신이 날마다 지나치는 사람들의 눈을 들여다보며 이렇게 말한다면.

"나는 당신 안의 신에게 절합니다. 나는 당신이 가장 잘하는 일에 경의를 표합니다. 당신의 타고난 재능에 경의를 표합니다. 당신의 독특함과 특별함에 절합니다."

나마스테의 상징은 평화와 조화의 메시지를 전달하고, 모든 존재의 신성함과 연결됨에 경의를 표하는 것이다. '나마스테'는 '나는 무기가 없으며 당신을 해칠 의사가 없다.'는 분명한 신호를 보낸다. 어떤 무기도 지니고 있지 않음을 보여 주는 분명한 방식인, 전쟁터에서 생겨난 서양식 악수와 매우 비슷하다.

그러나 나마스테는 평화를 상징하는 것 이상의 의미를 지니고 있다. 그것은 인간 모두가, 어느 누구, 어느 영혼도 예외 없이 자기만의 특별한 재능을 부여 받았음을 인정하는 것이다. 인종, 이념, 살고 있는 장소, 소속 정당, 머리 모양에 근거해 우리가 아무리 비슷해 보일지라도 우리 각자는 진정으로 하나뿐인 존재이다. 60억이 넘는 사람들이 지구에 있지만 우리들 중 똑같은 지문, 똑같은 발자국, 심지어 똑같은 웃음을 가진 사람은 단 한 명도 없다. 모든 개인은 진품이다. 모든 사람은 반복될 수 없는 기적이다.

순응을 일상적으로 요구하는 판에 박힌 세상에서는 우리 각자가 독특하다는 사실을 잊기 쉽다. 우리는 자녀에게, 배우자에게, 직원들에게 얼마나 자주 "왜 누구누구처럼 될 수 없지?"라고 말하는가? 회사 관리자, 판매 직원, 교사, 십대 청소년, 운동선수, 그 밖의 사람들 모두 어떤 일을 수행하거나 실행함에 있어서 하나의 길, 오직 한 가지 방식만 있다는 말을 얼마나 자주 듣는가?

우리는 자신이 참으로 독특하다는 것을 인식하지 못하는 경우가 얼마나 많은가? 자신의 타고난 재능과, 과정 속에서의 성장을 억누르는 경우가 얼마나 많은가? 그런 것들이 우리의 사회적 기여를 더 가치 있게 만들 때조차도.

내가 열아홉 살이었을 때 한 친구가 내게 『도전해 보라! *I Dare You!*』라는 제목의 고전 한 권을 건네주었다. 내가 읽은 첫 번째 자기 계발 서적이었다. 그 책은 원래 경제대공황으로 인한 고통이 극심하던 1931년에 출간되었고, 퓨리나 사(1894년 설립한 미국의 동물용 사료 제조회사)의 설립자이자 미국청소년협회 공동 설립자인 윌리엄 댄포스가 쓴 것이었다.

내가 그 책을 읽었을 당시는 초판 26쇄였다. 그 책은 대공황과 그 이후의 불경기 속에서도 살아남았다. 책에서 댄포스는 진정한 최고의 자신이 되는 일에 도전해 보라고, 그 도전을 받아들인다면 더 높은 목표를 열망하라고 우리 각자에게 동기를 불어넣는다. 책의 중간 부분인 '자신의 인격 형성에 도전하라'에 내가 결코 잊지 못할 이야기가 실려 있다. 댄포스는 "힌두교의 전설이 있다."고 전한다.

한때 지상의 모든 인간은 신이었다. 그러나 인간들은 신적 능력을 너무 악용하고 죄를 지었다. 모든 신들의 신 브라흐마는 인간으로부터 신적 능력을 빼앗아 다시는 악용하지 못하도록 비밀의 장소에 숨기기로 결정했다.

다른 신들이 말했다.

"신적 능력을 땅 속 깊은 곳에 숨기자."

그러자 브라흐마 신이 말했다.

"안 된다. 인간들은 땅을 파내려 가서 그것을 발견할 것이다."

신들이 말했다.

"그렇다면 바다 깊은 곳에 가라앉히자."

브라흐마 신이 말했다.

"안 된다. 인간들은 어떻게든 잠수하는 법을 배워서 그것을 찾아낼 것이다."

신들이 또 말했다.

"그렇다면 가장 높은 산꼭대기에 숨기자."

브라흐마 신이 말했다.

"안 된다. 인간들은 언젠가는 지구의 모든 산에 올라가 신적 능력을 다시 손에 넣을 것이다."

그러자 몇몇 신들이 말했다.

"그렇다면 신적 능력을 어디에 숨겨야 인간들이 찾을 수 없을지 모르겠다."

그러나 브라흐마 신이 말했다.

"내가 말해 주겠다. 그것을 인간 자신의 내면에 숨기자. 인간은 결코 그곳을 찾아볼 생각을 하지 않을 것이다."

그래서 그들은 그렇게 했다. 모든 인간의 마음 안에는 신적 능력의 일부가 숨겨져 있다. 그 이후 지금까지 인간은 자신의 마음속에 숨어 있는 신과 같은 특성을 찾느라 땅을 파고 잠수를 하고 산을 오르며 지구를 돌아다니고 있다.

베스트셀러 『사랑으로의 귀환 *A Return to Love*』에서 저자 매리안 윌리엄슨은 신으로부터 받은 재능을 알아차리는 우리 안의 본능에 대해 설득력 있게 표현하고 있다.

"우리의 가장 깊은 두려움은 우리가 부족하다는 것이 아니다. 우리의 가장 깊은 두려움은 우리에게 측정할 수 없을 정도로 강한 힘이 있다는 것이다."

우리가 그 두려움을 깨고 나올 때 우리의 본질에서, 우리의 존재 중심에서, 우리의 가장 고요한 순간에 우리는 내면에 있는 위대함을 껴안을 수 있다.

목요일 오후, 단어 수업을 위해 퇴직자 전용 아파트의 아서의 집으로 갔을 때 그는 한 마디로 열정 그 자체였다.

나는 젊은이 못지않은 그의 활력에 이미 익숙해져 있었다. 그는 청력을 잃어 가고 있었고, 보조기를 사용해 움직여야 했으며, 먹을 수 없는 것이 많았지만, 단어와 언어를 향한 그의 사랑은 늘 그래 왔던 것만큼 변함없이 강했다.

우리가 나마스테의 의미에 대해 논할 때, 아서는 흥분한 열두 살 소년처럼 발을 구르기 시작했다.

그는 외치듯 말했다.

"나는 단어들을 사랑합니다! 그냥 단어들이 좋아요!"

그는 2000년에 세상을 떠난 아내 루스를 사랑한 것만큼이나 단어를 사랑했다. 그는 아내에 대한 추억담을 나누는 것을 좋아했다. 적갈색 머리를 한 아름다운 그녀의 사진이 방 안 곳곳에 놓여 있었다.

그는 1941년에 떠난 신혼여행을 이야기하며 국립공원들을 다니는 동안 누렸던 즐거움에 대해 말했다. 한번은 호텔 옷장 안에 웅크리고 앉아 히브리어 사전을 보다가 자신의 신부에게 들킨 어색한 순간도 있었다고 그는 고백했다. 그때 그는 히브리어 알파벳을 외우는 중이었다. 나는 짐짓 믿을 수 없는 척하며 물었다.

"신혼여행 중에 히브리어 알파벳을 외우고 있었던 거예요?"

아서가 어떤 사실을 이야기할 때 전혀 과장하지 않는 성격이라는 것을 나는 그때쯤 이미 알고 있었다. 그는 66년의 세월이 흐른 뒤에도 그것에 대해 여전히 소년처럼 멋쩍어하며 말했다.

"그렇습니다."

그는 아내를 속이고 언어에 대한 책과 바람을 피운 것이다. 그는 아내와 언어 둘 다를 사랑했다.

단어들은 아서에게 언제나 특별한 감정을 불러일으켰다. 독일어로 말하는 것을 처음 들었을 때 그 언어의 시적인 운율과 우아한 단순함에 거의 눈물을 흘릴 뻔했다고 그는 흥분해서 이야기했다. 그 아름다운 언어를 배우기 전까지 먹을 수도, 잠을 잘 수도 없었다고 했다.

우리가 나마스테의 의미에 대해 논할 때 아서는 말했다.

"그 단어는 영어 단어의 '열정enthusiasm'과 어원이 같은 듯합니다. '열정'은 그리스어에서 온 단어로 '내면의 신' 혹은 '내면에 있는 신의 선물'을 뜻합니다."

그는 '열정'이 행복과 천복의 연료라고 설명을 이어 나갔다. '열정'은 우리들 각자 안에서 빛나는 신성한 빛과 관계가 있다.

단어의 대가가 설명하는 동안, 나는 그의 특별한 재능의 증거가 모여 있는 그의 방을 둘러보았다. 강의 노트 더미, 모서리가 잔뜩 접힌 사전, 어원학과 단어의 기원에 관한 많은 책들이 가득했다.

그가 그것들을 연료 삼아 행복과 천복의 삶을 살아온 것을 알 수 있었다.

대화가 활기를 띠자 아서는 나마스테와 관련이 있는 모든 어족의 단어들로 가지를 뻗어 나갔다. 그는 '진정한authentic'이라는 단어를 소개하며, 그것이 '자기 자신'이라는 의미의 '아우토스autos'와 '되다'라는 의미의 '헨테스hentes' 두 단어에서 왔다고 설명했다. 그는 효과적인 전달을 위해 손동작까지 덧붙이며 미소 지었다.

"따라서 '진정하다'는 것은 '자기 자신이 된다'는 의미입니다."

나마스테는 진정성에 경의를 표한다. 사회는 종종 그렇게 하지 않는다. 아서는 또 '천재성genius'이라는 단어에 대해 말하며, 그것이 고대 로마어 '게누이누스genuinus'에서 파생된 단어로 '선천적으로 갖고 태어난 것'을 뜻한다고 설명했다. '천재성'은 '진짜인genuine' 상태 그 이상도 이하도 아닌 것이다.

자신의 본성을 따르는 사람들은 자신이 가진 천재성을 꽃피워서 매번 새로운 도전을 하며 더 멀리 나아간다. 그들은 결코 오늘의 편안한 영역에 만족하지 않는다.

우리의 토론은 '성격character'이라는 단어로 옮겨 갔다. 아서는 그 단어의 의미가 오랜 세월 동안 많이 변화해 왔다고 설명했다. 원래 그것은 나무, 금속, 돌, 혹은 누군가의 영혼에 새겨진 어떤 것을 의미했다. '성격'은 당신이 누구인가를 말해 준다. 이것은 전체적으로 당신 자신을 가리킨다. 지금까지 당신에게 일어난 모든 것들, 즉 모든 좋고 나쁜 경험들을 합한 것이다.

셰익스피어의 시대에는 '성격'이 또 다른 의미를 얻어 완전히 정반대의 의미가 되었다. 그것은 배우가 연기하는 '배역'을 묘사하는 단어가 되었다. 등장인물들은 자신의 진짜 정체를 감추기 위해 가면을 쓰고 역할을 연기했다. 따라서 성격은 당신이 어떤 사람인가를 정의하는 대신, 당신이 어떤 사람이 아닌가를 정의했다.

우리가 주의하지 않는다면 세상이 우리의 본래 모습을 감출 수 있고, 또 감출 것이다. 순응하는 것, 틀에 맞추는 것, 위대함 대신 결함에 집중하는 것은 신에게서 받은 우리의 재능, 우리의 나마스테를 위장하도록 음모를 꾸며 우리의 주의를 다른 곳으로 돌리며, 그래서 우리의 진정한 길과 목적으로부터 멀어지게 만든다. '너 자신에게 진실하라(셰익스피어의 『햄릿』에서 폴로니우스가 아들 라에르테스에게 한 말)'를 실천하는 대신 우리는 다른 사람들이 정해 준 배역을 연기하는 캐릭터가 된다. 우리는 모든 사람의 비위를 맞추려고 헛된 노력을 한다.

내가 아서에게 한 가지 질문을 했다.

"우리가 우리 자신과 다른 사람들의 내면에 있는 재능에 경의를 표해야 한다면, 그 재능들이 무엇인지 우리는 어떻게 인식할 수 있습니까?"

아서는 '인식recognize'의 의미를 가르쳐 주었다. 나로서는 그 단어를 처음 배우는 기분이었다. '리re'는 '다시'라는 뜻이고 '커그나이즈cognize'는 '알다'라는 의미의 '코그니잔트cognizant'의 파생어이다. 다시 말해, 인식은 '다시 알다'라는 의미이다.

자신의 타고난 재능을 알아보는 것은 오래된 친구를 만나는 것과 같다. 그것은 집으로 돌아가는 것 같은 기분이다. 그리고 당신은 정말로 집으로 돌아오고 있다. 당신의 진정한 자신, 진짜 자아에게로 돌아가고 있다. 그 느낌은 더없이 행복하고, 자연스러우며, 분명하다. 그 느낌이 흘러넘칠 것이므로 당신은 알 것이다.

아서는 자신의 타고난 재능, 즉 단어에 대한 사랑을 활용함으로써 천직과 취미를 이음매 없이 하나로 결합할 수 있었다. 자신의 나마스테에 경의를 표하는 사람들에게서 흔히 있는 경우처럼, 그에게도 놀이가 일이 되었고 일이 놀이가 되었다.

유타 재즈 팀(재즈 음악의 본거지인 뉴올리언스 주에서 시작했다가 유타 주로 기반을 바꾼 미국 프로 농구팀)이 미국프로농구NBA 선수권대회에서 시카고 불스 팀(시카고에 연고지를 둔 팀)과 맞붙을 자격을 얻은 해에 나는 유타 재즈 팀의 모든 홈경기를 관람할 수 있는 시즌 티켓을 가지고 있었다. 예선 경기가 열리는 동안 아내 셰리와 나는 운 좋게도 시합 장소인 휴스턴에 있었다. 그 경기에서 유타 재즈 팀의 존 스탁턴이 상대팀의 찰스 바클리 선수를 제치고 슛을 성공시켜 유타 재즈 팀이 사상 첫 NBA 결승전에 진출했다. 그

다음날 아침, 우리가 비행기를 타고 집으로 돌아가 현관에 막 들어서서 아이들과 포옹하고 있을 때, 딸아이가 내게 전화기를 건넸다. 시카고에서 누군가 나를 찾는 전화라고 했다.

수화기에서 "안녕하세요, 진 시스켈입니다."라는 목소리가 들렸다. 진 시스켈이라는 이름은 내 기억 속에 등록되어 있지 않았다.

내가 말했다.

"죄송하지만, 이름을 다시 말씀해 주시겠습니까?"

그러자 남자는 목소리를 약간 높여 말했다.

"〈시스켈과 이버트〉(시카고 트리뷴의 진 시스켈과 시카고 선 타임스의 로저 이버트가 진행한 영화 평론 TV 프로그램)를 진행하는 진 시스켈입니다."

그제서야 나는 내가 '투 썸즈 업Two Thumbs Up(시스켈과 이버트가 최고의 영화에 대해 두 엄지손가락을 치켜든 것에서 유래한 말)'을 만들어 낸 장본인인 시카고 트리뷴 지의 영화 평론가와 통화하고 있음을 알아차렸다.

그는 내가 가진 유타 재즈 팀의 경기장 입장권 좌석이 원정팀의 선수용 벤치 바로 뒤라는 말을 듣고 전화를 하게 되었다고 설명했다. 그 원정팀 벤치는 곧 있을 연속 경기 동안 그가 세상에서 가장 좋아하는 농구팀인 시카고 불스의 자리였다. 그는 자신이 가진 시카고 불스의 홈 경기장의 앞좌석 표 2장과 내가 가진 유타 재즈의 홈 경기장 좌석표 4장을 맞바꾸기를 원했다. 나는 4와 2

는 수학적으로 전혀 계산이 맞지 않는다며 농담을 건넸고 우리는 한바탕 웃었다. 하지만 결국 우리는 서로를 만족시키는 거래에 합의했다. 그것을 시작으로 우리의 우정은 진 시스켈이 악성 뇌종양으로 슬프게도 너무 일찍 우리 곁을 떠날 때까지 이어졌다.

우리가 경기를 보러 시카고로 날아갔을 때, 진과 그의 아내는 나와 내 아내를 시카고 최고의 스테이크 식당인 깁슨스로 데리고 갔다. 진과 나는 삶의 우여곡절에 대한 이야기를 나누다가 곧 서로에게 공통점이 많다는 사실을 발견했다. 비록 농구팀 취향은 정반대였지만, 삶에 대한 관점은 놀랍도록 비슷했다.

대화를 시작하고 얼마 지나지 않아 진은 내가 전에 한 번도 들어본 적이 없었고 그 이후 결코 잊을 수 없는 말을 했다.

"케빈, 재능을 낭비하는 것은 죄입니다."

그가 계속 말했다.

"우리 모두는 본래부터 부여받은 재능이 있습니다. 나는 자신의 재능을 발전시키지 않는 것은 잠재 능력을 이용하지 않는 것이라고만 말하는 것이 아닙니다. 그것이 죄라고 말하는 것입니다."

나는 그의 어린 시절 이야기를 들으면서 그가 이 주제에 대해 왜 그토록 확고한 느낌을 가지고 있는지 깨달았다. 그는 어린 나이에 부모님을 잃었고, 삼촌과 숙모가 그와 그의 여동생, 남동생을 친자식처럼 길러 주었다. 특별한 분이었던 삼촌은 그에게 가르쳤다. 우리 각자는 어떤 이유가 있어서 재능을 부여받았으며, 자신의 재능을 키우고 넓혀서 그것으로 무엇인가 쓸모 있는 일을 하는 것은 우리의 의무라고.

진은 말했다.

"나는 꽤 어린 나이에 내가 시각과 청각에 매우 예민하다는 사실을 깨달았습니다. 그리고 그저 영화가 좋았어요. 영화는 나의 열정이었고 내가 본능적으로 끌리는 것이어서, 나는 항상 다른 사람들과 영화에 대한 사랑을 나누고 싶었어요. 그걸로 먹고 살 수 있게 될지 누가 알았겠어요? 그러나 그것이 내가 한 일이고, 지금 내가 하고 있는 일이에요. 나로서는 지금까지 내 인생에서 단 하루도 일한 적이 없어요."

진 시스켈은 근본적인 차원에서 나마스테를 설명한 것이다. 우리는 다른 사람 안에 있는 위대함에 경의를 표하기 전에, 먼저 우리 안의 위대함에 경의를 표할 필요가 있다.

내가 프랭클린 플래너(리더십과 자기 계발 교육 전문기관)에서 영업팀을 이끌면서 인간 개발 분야에서 막 일을 시작했을 때 『승자의 심리학 The Psychology of Winning』의 저자 데니스 웨이틀리가 나에게 존슨 오코너 연구 재단에서 이틀만 지내 보라고 권유했다. 그곳은 초기에는 인간 공학 연구실로 알려진 곳이었다. 그곳에서는 몇 가지 검사를 통해 개인의 타고난 재능을 알아낼 수 있었다. 데니스 웨이틀리는 설명했다.

"그들이 당신에게 일련의 검사를 할 텐데, 그중 일부는 신체검사이고 일부는 심리검사입니다. 검사가 끝나면 당신이 자연적으로 끌리는 것과 그렇지 않은 것을 평가합니다."

나는 데니스의 조언을 받아들였고, 어느 수녀 다음으로 검사를 받게 되었다. 그 수녀도 예외 없이 자신의 능력이 닿는 한 최고가 되기를 원했을 것이다.

그 검사는 한 사람의 타고난 재능을 철저히 평가하는 것이었다. 어떤 영역에서 나는 그다지 점수가 좋지 않았다. 예를 들어, '핀셋 능숙도 테스트'라는 항목은 손가락과 손을 얼마나 잘 조작할 수 있는가를 평가하는 검사이다. 나는 그쪽으로는 끔찍했다. 만일 내가 뇌수술을 하는 외과의사라면 환자는 살아나지 못했을 것이다. 그 수녀는 핀셋 능숙도 부문에서 나를 단번에 끝장냈다. 나의 검사 결과 역시 구조공학자는 절대로 되지 말아야 한다는 조언이 나왔다.

그러나 이 검사는 부정적인 면보다는 긍정적인 면에 중점을 둔다. 사람의 약점을 들추려는 발상이 아니라, 개인의 강점을 확인하기 위한 것이다. 뇌신경외과 의사가 되거나 다리를 건설하거나 멋진 건물을 디자인할 희망을 확실히 깨부수고 난 뒤에 검사관들이 나에게 물었다.

"당신이 어느 부문에서 예상을 뛰어넘는지 아십니까? 당신이 천성적으로 무엇을 잘하는지 아십니까? 우리가 지난 몇 년 동안 검사해 온 수십만 명 중에서 당신이 어느 분야에서 상위 5퍼센트 안에 드는지 아십니까?"

나는 그들의 말에 주의를 집중했다. 그들이 말했다.

"당신은 아이디어포리아 ideaphoria(계속해서 새로운 아이디어를 내고, 또한 아이디어를 창조하면서 큰 기쁨을 얻음)의 높은 강점을 지니고 있습니다. 그것이 당신의 가장 뛰어난 재능입니다."

솔직히 말해 나는 그때까지 '아이디어포리아'라는 용어를 들어본 적조차 없었다. 나 자신도 인식하지 못한 이 강점을 확인한 검사는 간단했다. 검사관들이 내 앞에 단어 하나를 놓고 백지 한 장을 건네주었다. 그런 다음 주어진 시간 동안 그 단어에 대해 떠오르는 생각들을 모두 적으라고 지시했다. 시간이 다 되었을 때 나는 종이 앞뒷면을 모두 채워서 남는 공간이 없었지만, 그래도 아직 다 끝내지 못한 기분이 들었다. 내 머리가 정신없이 회전하는 데 필요한 것은 단어 하나면 충분했던 것이다.

아이디어, 그것이 나의 재능이었다. 나는 그것에 있어서는 누구보다 뛰어날 수 있다!

본래의 나에게 충실하기 위해, 진정으로 빛나기 위해, 나는 창조하고 탐구하고 글을 쓰고 경계선 바로 너머에 있는 것을 끊임없이 추구할 필요가 있다. 나를 담당한 존슨 오코너 연구 재단의 분석가가 나에게 조언했다.

"당신은 창조해서 시장에 내놓아야 하는 사람입니다. 그러나 다른 누군가의 전략과 계획을 따라야 하는 환경에서는 안 됩니다. 당신은 자신의 창조적이고 혁신적인 아이디어를 탐구하기 위해 자유로운 길을 찾아야 합니다. 당신 자신의 길을 따르고, 당신의 타고난 능력과 재능을 드러내야 합니다."

만일 내가 그렇게 하지 않는다면 나는 나의 친구 진 시스켈이 말한 죄를 짓게 될 것이다.

존슨 오코너 연구 재단에서 알게 된 사실은 그리 놀라운 것이 아니었다. 내면 깊은 곳에서 나는 나의 재능이 무엇인지 알았고, 살아오는 동안 내내 그것을 직감적으로 알고 있었다. 검사관들은 내가 이미 알고 있었던 것을 확인시켜 준 것이다. 때로 나는 너무도 빠르게 아이디어가 홍수처럼 쏟아져 나올 때가 있는데 그 힘이 너무 강력해서 먹거나 씻지도 못하고 심지어 몇 시간 동안 화장실도 가지 못한다. 그런 까닭에 나는 언제라도 메모할 수 있도록 어느 곳에나 일기 수첩을 가지고 다닌다. 나폴레온 힐(미국 출신의 세계적인 성공학 연구자)의 『생각하라 그러면 부자가 되리라 Think and Grow Rich』에서 배운 대로.

"아이디어를 보살필 최적의 시간은 그것이 탄생하는 순간이다. 그것이 살아 있는 매 순간에 그 아이디어가 살아남을 가능성이 더 높다."

아이디어가 떠오르면, 당신은 그것을 이용할 수도 있고 잃을 수도 있다. 그것을 종이에 적을 수도 있고, 그냥 날아가게 내버려 두는 위험을 감수할 수도 있다.

그 이후로 나는 나의 개인적인 인생 목표가 단어와 아이디어와 사람들을 연결하는 것임을 확인했다. 나의 열정은 사람들이 그들의 길에 연결되고 삶에서 자신들의 목적을 이루도록 돕는 일이다. 두 사람을 함께 연결시켜 줄 때 나는 마치 종이의 앞뒷면을 가득 채운 것처럼 느낀다. 두 사람이 서로의 필요와 성공에 기여할 수 있는 셀 수 없이 많은 방법들이 내 눈에는 보인다.

진 시스켈의 특징적인 문장이 하나 있다. 그는 말하곤 했다.
"당신은 무엇을 확실히 아는가?"

그것은 사실 한 가지 질문이지만 동시에 많은 것을 상기시킨다. 우리는 우리가 사랑하는 일에, 천성적으로 자신에게 맞는 일에, 자신이 가장 잘하는 것에 집중하고 있는가? '당신은 무엇을 확실히 아는가?'라는 문장은 오프라 윈프리가 창간한 잡지 〈오 매거진〉의 마지막 장에 매달 실려 있다. 오프라는 그 통찰력 있는 문장이 진 시스켈의 것임을 인정하면서, 매 호마다 잡지의 마지막 페이지에 그 문장을 인쇄함으로써 단순하지만 심오한 그 질문의 중요성을 상기시킨다.

나의 판단으로는 '당신은 무엇을 확실히 아는가?'가 존슨 오코너 연구 재단에서 행하는 재능 평가의 핵심이다. 그 평가는 나에게 말할 수 없이 소중했고, 내가 가장 잘하는 것에 집중하도록 나를 일깨웠다. 그것을 인식하는 것은 다른 무엇보다 중요하다. 만일 자신의 재능을 인식하지 못한다면 그것을 사용할 수가 없다. 열어 보지도 않은 선물을 어떻게 음미할 수 있는가?

학습 곡선(학습의 진행 과정이나 행동의 변화 현상을 도식화한 것)의 정점에 있는 사람들, 자신의 분야에서 뛰어난 사람들, 일류 중의 일류, 최고 중의 최고, 단지 조금 더 밝게 빛나는 사람들은 단 한 가지에 집중한다. 즉 자신의 독특한 재능에 집중하는 것이다. 그들은 자신이 하는 일을 무보수로도 하겠다고 종종 말한다.

BMW 자동차 회사는 나의 중요한 고객이다. 그들은 내게 자신들의 회사를 방문해서 소비자들에게 거부감을 주기보다는 구매 욕구를 이끌어 낼 수 있는 문구를 만들어 달라고 요청했다. 이 일로 나는 북미 최고의 BMW 고객 상담가인 네다 샤흐로키를 만나게 되었다. 그녀는 새로 출시된 BMW 자동차를 한 해에 거의 900대 가까이 판매한다. 당신이 지금 잘못 들은 것이 아니다. 무려 900대이다! 일 년 동안 말 그대로 매일 석 대의 자동차를 파는 것이다. 그리고 그녀는 경기가 좋든 나쁘든 관계없이 해마다 꾸준히 그런 실적을 냈다. 자신의 놀라운 성공의 비밀은 이것이라고 그녀가 내게 말했다.

"나는 어떤 특별한 판매 기술을 갖고 있지 않아요. 나는 누군가에게 차를 사도록 유도하지 않아요. 나는 차를 사라고 접근하는 사람이 아닙니다. 그러나 사람과 관계를 맺는 것은 아주 잘해요.

나에게 있어 차를 판매한다는 것은 접근한다는 뜻이 아니에요. 접근은 단기적인 거래일 뿐이죠. 나는 오래 지속되는 의미 있는 관계를 맺는 데 타고난 재능을 가지고 있어요. 차를 판매하는 것은 그저 나의 친구들에게 서비스를 제공하는 것일 뿐이에요. 나는 내가 하는 일을 보수 없이도 할 거예요."

이것은 자신의 나마스테에 경의를 표하는 사람들에게 흔히 일어나는 일이다. 어떤 것을 무보수로도 할 수 있다고 느낄 때, 그때가 바로 자신이 진정한 길을 가고 있는 때이다. 그리고 그때가 자신의 천성에 맞는 일과 연결되어 있는 때이다.

서비스업계에서 가장 영향력 있는 사람 중 한 명으로 널리 존경받는 앨리스 엘리엇은 최근 나에게 자신이 어렸을 때 직접 자신의 명함을 만들곤 한 일화를 들려주었다.

"나는 언제나 내가 사업을 하게 되리라는 걸 알고 있었어요. 어렸을 때 침대에 앉아 작은 종이쪽지에 내 이름과 직책을 적곤 했어요. '앨리스 엘리엇, 대표이사 겸 CEO.' 나는 그 명함을 내 친구들 모두에게 나눠 주곤 했습니다."

현재 앨리스는 매우 존경 받는 헤드헌팅 회사 엘리엇 그룹의 대표이사 겸 CEO이다. 그녀는 자신의 업계에서 일하는 CEO들과 임원들에게 자신의 명함을 나눠 준다.

자연은 일하지만 일하지 않는다는 말이 있다. 우리 주위에서 그 증거를 볼 수 있다. 대자연의 모든 것은 조화이며 흐름이다. 자연은 비바람과 싸우지 않고 그것을 껴안는다. 강은 언덕길을 거슬러 오르려고 고집부리지 않는다. 식물들은 북극에서 자라려고 애쓰지 않는다. 동물들은 자연 상태 그대로 살아간다.

며칠 전, 자연이 만든 완벽한 비행체인 아름다운 붉은꼬리 매 한 마리가 창문 밖에서 날고 있었다. 마치 실에 매달린 연처럼 하늘에 떠 있었다. 영원처럼 느껴지는 시간 동안 공중을 비행하는데도 이따금 날갯짓만 있을 뿐이었다. 새는 전혀 힘들어 보이지 않았다. 그 매는 자유로웠고, 그 자신이 되어 있었다. 매는 자신이 하기로 되어 있는 일, 자신이 가장 잘하는 일을 하는 중이었다.

교육 세미나 시간에 나는 종종 청중들에게, 가장 갖고 싶은 능력이 무엇인지 묻는다. 사람들의 첫 번째 대답은 한결같이, 하늘을 나는 것이다. 사람들은 자유롭기를 원한다.

정말로 자신의 삶에서 날아오르길 원한다면, 인간이 할 수 있는 것보다 더 높이 비상하길 원한다면, 자유롭게 당신 자신이 되라. 자유롭게 자신의 본성을 따르라.

우리 모두는 "너는 재능을 타고났어." "그것이 너의 천성이야." "그것이 너에게 제2의 천성이야." "너는 그 일을 하기 위해 태어났어."라는 말들을 들어본 적이 있다. '자연, 본성, 천성'이라는 뜻의 '내추어nature'는 '태어나다', '낳다'라는 뜻의 라틴어 '나투라natura'에서 유래했다. 천성은 당신이 갖고 태어난 선물이다. 그것은 당신의 '타고난 재능genius', 그 '우리 안에 있는 램프의 요정 지니genie'이다. 그 요정이 당신의 모든 가치 있는 소원과 꿈을 이루게 할 것이다.

사람들이 저지르는 가장 큰 실수는 자신이 좋아하는 일을 하면서 생계를 유지하지 않는 것이다. 자식이 자기 안에 있는 잠재적 능력을 발견하는 것이 부모들의 가장 큰 바람이자 열망이 아닌가? 나는 내 아이들의 성적이나 다니는 학교, 미래의 경력이나 일에 대해 크게 염려하지 않는다. 아이들이 때가 되어 따로 독립할 만큼 돈을 벌기만 한다면, 돈을 얼마나 버는지 상관하지 않는다. 내가 아이들에게 가장 바라는 것은, 그리고 대부분의 부모가 자식에게 가장 원하리라 생각하는 것은 이것이다. 자신의 나마스테를 발견하고 인식하는 것, 그리고 날마다 그것에 따라 사는 것이다. 그렇게 한다면 삶의 나머지 것들, 즉 성적, 직업, 경력, 돈은 자연히 해결될 것이다.

대학교에 다니던 딸 시즌이 나에게 전화를 걸었던 날을 나는 기억한다. 시즌은 교사가 되기 위해 공부하는 중이었다. 전화를 받았을 때 나는 딸의 목소리에 담긴 혼란스러움을 느낄 수 있었다. 시즌이 말했다.

"제가 학업을 다 끝마쳐 가고 있는데, 그냥 이것이 제게 맞지 않는다는 생각이 들어요. 저는 늘 교사가 되고 싶었어요. 아빠와 엄마도 제가 훌륭한 교사가 될 거라고 늘 말씀하셨죠. 아빠는 제게 교사가 되라고 격려해 주셨고요. 그런데 제가 정말 하고 싶은 것이 무엇인지 아세요? 저는 옷을 디자인하고 싶어요. 아빠도 아시지만, 저는 예전부터 늘 벨트와 지갑을 직접 만들어 써 왔어요. 아르바이트를 할 때 그걸 하고 가면 사람들이 어디서 샀느냐고 꼭 물어봐요. 내가 직접 만들었다고 말하면 모두들 감탄하고, 결국 제가 디자인한 것을 팔게 돼요. 그것이 제가 진정으로 하고 싶은 일이에요."

내가 말했다.

"시즌, 그렇다면 네가 하고 싶은 일을 하는 게 어떻겠니?"

그 당시 시즌은 인생이 여러 면으로 불행했다. 자신의 길에 있지 않았던 것이다. 자신의 소명을 새롭게 시작할 필요가 있었다. 그 이후 시즌은 성공적인 패션 디자이너가 되었고, '리틀 시즌'이라는 아동복 브랜드를 독자적으로 갖게 되었다. 그녀에게는 자신만의 독특한 스타일이 있다. 그녀는 도나 카란(뉴욕의 패션 디자이너로 DKNY 브랜드를 만듦)이나 니콜 밀러(미국의 패션 디자이너로 자신의 이름을 딴 브랜드가 있음)에 버금가는 디자이너가 되려고 애쓰지 않는다. 그녀는 누구 못지않은 '시즌 홀 에버튼' 자신이다.

조셉 캠벨은 『신화의 힘』에서 말한다.

"행복을 찾는 길은 자신의 마음을 자신이 가장 행복하다고 느끼는 순간에, 정말로 행복한 순간에 두는 것이다. 들뜬 상태도 아니고 그냥 흥분한 상태도 아닌 깊이 행복한 순간에. 자신을 행복하게 만드는 그것이 무엇인가? 사람들이 무슨 말을 하든 그 길로 나아가라. 나는 그것을 '자신의 천복을 따르는 것'이라고 부른다."

당신의 재능을 극대화시킬 때 당신은 길 위에, 목적 위에, 목표 위에 있게 된다. 그렇게 하지 않을 때 당신은 길에서, 목적에서, 목표에서 벗어난다.

"스트레스 받는다. 과부하가 걸렸어. 몸이 고장 날 것 같아."라고 혼잣말을 한 적이 한 번이라도 있는가? 우리 모두는 삶의 작은 순간들에서 그렇게 느낄 때가 있지만, 만일 아침에 눈을 뜬 순간부터 잠자리에 들 때까지 끊임없이 혹은 주기적으로 그렇게 느낀다면, 당신은 분명 자신의 길 위에 있는 것이 아니다. 필시 자신이 하기로 되어 있는 일을 하는 것이 아닐 가능성이 높다. '스트레스', '과부하', '고장'이라는 세 단어는 본래 인간을 표현하도록 만들어진 단어들이 아니다. 그것들은 기계를 묘사하기 위해 만든 단어들로, 산업화 시대에 처음 생긴 말이다. 공장의 조립 공정이 스트레스를 받거나 과부하에 걸리면 기계는 결국 고장이 났다.

수피교의 현자 하피즈(14세기 페르시아 시인)는 드물게 전해지는 자신의 글에서 이렇게 가르친다.

"진리의 길에 이르는 공식은 없기 때문에 우리들 각자 자신만의 발걸음으로 위험을 무릅써야 한다. 무지한 자만이 다른 사람들의 행동을 모방하려고 애쓴다. 지혜로운 사람은 그렇게 하느라 시간을 낭비하지 않는다. 그들은 자기가 가진 능력을 키우며, 수십만 그루의 나무가 있는 숲 속에 똑같은 잎이 한 장도 없음을 안다. 똑같은 길 위의 두 여행도 같지 않다."

자신의 길을 여행하는 동안 기억해야 한다. 자신이 그 길에 새기는 발자국은 자신이 걸어가는 그 길만큼이나 독특하다는 것을.

삶을 펼치고, 성장하고, 더 높이 오르고자 열망하는 사람들을 코칭할 때 내가 첫 번째로 하는 일은, 자신을 가장 잘 설명하는 단어 하나를 고르게 하는 것이다. 그것은 마치 책을 펼쳐서 어느 페이지에 있는 단 하나의 단어에만 밑줄을 긋는 것과 같다. 그 페이지에 있는 다른 수백 개의 단어들 대신 그 사람의 주의와 의도는 즉각적으로 그 하나의 단어, 그 하나의 선물에 집중한다. 그러면 집중하는 정도가 커진다.

이것을 당신 혼자서 해 볼 수도 있고, 당신을 가장 잘 아는 친구와 가족에게 당신을 표현하기 위해 어떤 단어를 사용할 것인가 물어볼 수도 있다. 그 단어는 '예술가', '문장가', '커뮤니케이터', '감독', '교사'가 될 수도 있고 '평화 지킴이', '완벽주의자', '음악가'가 될 수도 있다. 아니면 '기획자', '관리자', '연결자', '지도자'일 수도 있다. 단 하나의 단어여야 한다는 것을 제외하고는 다른 제한은 없다. 최종 결정은 당신에게 달렸다.

단어를 선택하면 그것을 욕실 거울, 자동차의 백미러와 룸미러,

책상, 컴퓨터, 냉장고, 자동차 열쇠 뒤 등 매일 확실하게 볼 수 있는 곳 어디든 적어 둔다. 그것이 당신의 나마스테 인사법이다. 당신 안에 있는 특별한 재능에게 진심으로 절하는 것이다.

만일 당신이 그런 마술 같은 방식으로 정중하게 절하며 날마다 자기 자신에게 인사한다면, 당신이 얼마나 특별한 세상에서 얼마나 놀라운 삶을 살게 될지 상상도 할 수 없을 것이다. 당신의 세상이 달라질 것이다. 다시 거울을 보고, 당신의 단어를 보고, 당신의 재능을 되새겨 보라. 그리고 마하마트 간디의 지혜로운 조언을 기억하라.

"당신은 세상에서 당신이 보고 싶어 하는 변화 그 자체가 되어야 한다."

당신이 세상을 변화시킬 것이다.

나마스테.

재능과 능력을 함께 나눌 때 그것들은 줄어들거나 축소되지 않는다. 오히려 고요한 물에 조약돌을 던지면 잔물결이 퍼지는 것처럼 확대되고 커진다.

노벨문학상 수상자 알렉산드르 솔제니친은 말했다.

"재능은 언제나 자신의 풍요로움을 알기 때문에 다른 사람과 나누는 것을 거부하지 않는다."

나의 타고난 재능에 다가가는 것은 풍요와 성취의 삶을 향한 첫걸음이며 가장 중요한 걸음이다.

'풍요abundance'라는 단어는 '파도의 굽이침undulation'과 '풍부함bounty'에서 유래했다. 각각의 파도는 다음에 또 다른 파도가 이어질 것임을 기대하게 한다. 자연은 모든 것을 주면서도 아무것도 잃지 않는다는 사실을 그것이 증명한다.

'성취fulfillment'라는 단어 역시 물에서 나왔다. 그릇의 물은 먼저 채워지지 않으면 넘쳐날 수 없다.

내 가슴이 뛰는 것과 세상이 필요로 하는 것이 만나는 교차점을 발견하는 것은 삶에서 나의 사명과 목적을 발견하는 데 도움이 된다.

내가 그냥 잘하기만 하는 것을 중단하고, 아주 탁월하게 잘할 수 있는 것을 시작하기로 다짐하는 것, 그것이 바로 나마스테의 핵심이다.

빛을 비추는 존재는 반드시 불에 타는 과정을 견뎌야 한다.
열정이 있는 사람은 행동하고, 열정이 없는 사람은 시도만 한다.
얼마나 벅차고 도전적인 일이든 시작보다 더 쉬운 것이
어디 있는가. '열정'이라는 단어의 본래 의미는 '자신이
가치 있게 여기는 일을 위해 기꺼이 고통받는 것'이었다.

네번째 단어

열정 — 기꺼이 고통받다
Passion

이것이 인간 정신의 핵심이다. 만일 살아야 할 목적을 발견할 수 있다면, 삶의 중심에 둘 어떤 의미를 찾을 수 있다면, 최악의 고통이라도 견딜 수 있다.

_ 빅터 프랭클

사막의 추운 밤, 채드 하이머스는 자신의 핸드바이크(장애인용 세 바퀴 자전거)에 아무 이상이 없는지 다시 한 번 점검했다. 그는 앞으로 11일 동안 낮이나 밤이나 그 자전거를 타고 사지마비 환자로서 자전거 달리기 세계신기록을 세우기 위해 도전할 것이다.

뒤따를 지원 차량의 전조등 불빛 속에서 그는 긴장과 열의가 뒤섞인 얼굴로 자전거에 탄 나를 쳐다보았다. 물론 그는 우리 앞에 놓인 캄캄한 고속도로를 보며 염려하고 있었지만, 그럼에도 출발할 준비가 되어 있었다. 나는 그와 함께 자전거를 타면서 그의 여행의 첫 구간을 정신적으로 지지해 주고자 그곳에 있었다.

날씨가 몹시 추울 것이고 채드가 감기에 걸릴 위험을 무릅쓸 수밖에 없다는 것을 나는 알고 있었다. 그래서 채드를 머리부터 발끝까지 감쌀 따뜻한 옷가지를 충분히 챙겨 왔다. 방한용 외투로 체온을 유지해야 한다고 나는 그에게 강력히 주장했다. 그는 미라처럼 온몸을 옷으로 감싸고 한겨울의 자전거 주행 복장으로 무장한 채 출발했다. 보온용 신발 커버, 방한용 팔다리 보호대, 바람막이 재킷, 손가락장갑, 겨울용 자전거 모자, 투명 고글을 갖춘 상태로.

양쪽으로 오고가는 차량의 운전자들이 우리 쪽을 바라보다가 한밤중에 황무지 같은 적막한 도로에서 등에 깜빡이는 반사경을 달고 그들의 그림자를 뒤쫓는 다 큰 어른 두 명의 모습을 목격하고서 놀랄 모습을 상상하니 웃음이 나왔다. 특히 한 사람은 7월 중순에 한겨울의 복장을 하고서 세발자전거에 앉아 어른들의 꿈을 추구하는 아이처럼 보였을 것이다.

체온 조절 능력이 없기 때문에 채드는 많은 사람들이 불가능하다고 말하는 목표를 추구하기 위해 7월을 선택했다. 더운 낮에는 찬 수건으로 열을 식히며 사막을 통과했고, 온도가 떨어지는 밤 시간에는 옷을 겹겹이 껴입으며 자전거를 탔다. 800킬로미터 떨어진 라스베이거스에 도착할 때까지 휴식과 잠이 필요할 때만 멈추고 낮이나 밤이나 손으로 자전거 바퀴를 돌리는 것이 그의 목표였다.

2년 전, 채드 하이머스는 자기 집 목장에서 건초를 옮기던 중 일순간의 사고로 다리와 상반신 대부분의 기능을 잃었다. 그가 트랙터로 1톤 무게의 건초더미를 들어 올리는 순간, 그 거대한 건초더미가 쇠스랑에서 빠져 뒤로 쏠리면서 그의 목 위로 내동댕이쳐졌고 그는 트랙터 운전석에서 꼼짝할 수 없었다. 곧장 병원으로 옮겨졌고, 뛰어난 의사 덕분에 목숨은 구했지만 운동신경은 살리지 못했다. 척추가 심하게 손상되어 사지마비 환자가 될 수밖에 없었다. 팔뚝만 제한적으로 사용할 뿐, 목 아래부터 발끝까지는 전혀 움직이지 못했다.

그 사건으로 채드의 삶과 계획은 영원히 뒤바뀌었다. 그러나 몸은 마비되었어도 꿈을 꾸는 능력까지 마비되지는 않았다.

채드는 병원에 있는 동안 '왜 하필 나한테 이런 일이 일어났지?'라는 의문의 시간을 한동안 겪고 난 후, 그럼에도 삶은 계속된다는 현실을 깨달았다. 아내와 두 아들은 변함없이 그를 사랑하고 필요로 했다. 그들의 눈에 그의 역할은 전혀 작아지지 않았다. 집의 목장에서 더 이상 육체적인 일을 할 수 없다면 갑자기 변화된 몸을 가지고 새로운 목표를 찾고 꿈을 수정해야 한다고 그는 결심했다.

채드와 나의 길이 서로 만난 것이 바로 이 시점이었다. 내 친구의 친구가 채드에게 내가 대중 강연을 몇 번 한 적이 있다고 말했고, 채드와 내가 우리 집에서 만날 수 있게 자리를 마련해 주었다. 채드는 내게 자신은 사람들에게 전할 이야기가 있으며, 예전과 다름없이 말은 잘 할 수 있기 때문에 가족을 부양하기 위한 방편으로 대중 강연을 고려 중이라며 농담을 했다.

한 편의 대서사시와도 같은 핸드바이크 달리기에 대한 아이디어도 이때 나오게 되었다.

그는 사람들에게 삶이 무엇을 가져오더라도 자신의 꿈을 따르라는 메시지를 전하고자 했다. 따라서 그는 자신에게 역경을 극복할 능력이 있다고 믿게 해 줄 실질적인 무엇, 눈에 보이는 증거를 갖기를 원했다.

그는 더 극적이고, 더 큰 노력이 요구되고, 더 기억에 남는 것일수록 좋다고 판단했다. 여름의 뜨거운 열기 속에, 제한된 신체 조건으로 바퀴 셋 달린 자전거―채드는 절대로 '세발자전거'라고 부르지 말라고 편잔을 주곤 했다―를 손으로 굴려 솔트레이크시티에서부터 라스베이거스까지 800킬로미터를 주행하는 것이 그 세 가지 조건을 모두 충족시킬 것이라고 그는 자신했다.

그에게는 열망과 동기와 주위의 응원이 있었다. 이제, 추운 밤을 향해 힘껏 페달을 굴리면서 그는 자신에게 실제로 도전을 이겨낼 능력이 있는지 알게 될 것이다. 자신에게 그만한 열정이 있는지 발견하게 될 것이다.

출발선에서는 자신의 열정이 얼마나 깊은지 알기 어려울 것이다. 처음부터 그것을 아는 사람은 많지 않다. 어떤 일을 탐색할 때, 그것이 얼마나 벅차고 도전적인 일이든 시작만큼 쉬운 것이 어디 있는가?

7월의 화창한 아침, 채드 하이머스가 출발선에서 두 손으로 자전거 바퀴를 굴리며 힘껏 출발했을 때 모든 것이 무척 쉬웠다. 빨간불 신호를 건너는 동안은 경찰차가 그를 호위해 주었다. 수십 명의 친구들과 가족들이 거리로 나와 환호와 응원을 보냈다. 그의 어린 두 아들은 얼굴에 환한 웃음을 지으며 나란히 자전거를 타고 따라오고 있었다. 전혀 알지 못하는 낯선 이들도 그가 지나갈 때 잘 해내기를 바라며 격려의 박수를 보냈다. 언론 매체들에서도 오고, 텔레비전 카메라가 연신 돌아갔다. 그는 그날의 유명 인사였다. 그날 밤 그는 모든 뉴스 프로그램에 나올 것이다.

그런 분위기는 오래 가지 않았고 상황이 어려워졌다. 텔레비전 카메라와 경찰 호위대도 저 멀리 사라졌으며, 거리에서 박수를 치며 격려하던 사람들도 남아 있지 않았다. 길이 오르막으로 변했고, 팔이 아파오기 시작했으며, 지치고 허기가 졌다.

나는 채드와 함께 3일 동안 나란히 자전거를 탔다. 우리는 이미 친구였고, 나는 그가 스스로 결정한 담대한 목표를 이루도록 힘껏 끌어 주었다.

특히 힘들었던 둘째 날, 그의 꿈이 요구하는 대가가 분명해졌다.

13킬로미터나 되는 오르막길을 올라가야 했기 때문이었다. 열기로 숨이 막혔고, 섭씨 38도를 넘는 아스팔트 바닥에서 아지랑이가 이글거렸다. 채드의 몸은 이 지독히 뜨거운 포장길로부터 겨우 10여 센티미터 떨어져 있었다. 그가 손잡이를 돌려 바퀴를 굴릴 때마다 나는 앞에 놓인 어려움들 때문에 그가 측은하게 느껴졌다. 고통스럽게 1킬로미터씩 나아갈 때마다 채드는 더욱 힘겨워했다. 바람이 그의 얼굴을 때리고, 커브를 돌 때마다 외로움이 커졌다. 첫날 그토록 빠르게 통과한 길이를 이제는 괴로워하며 끌려가듯 가고 있었다.

귀뚜라미 떼가 우리가 지나가는 그 외딴 길을 같이 이용하기로 결정함으로써 상황이 더 악화되었다. 순식간에 수천 마리의 귀뚜라미가 도로를 뒤덮었다. 귀뚜라미들이 페달 위의 내 발까지 뛰어올랐다. 바닥에 바짝 붙어서 가고 있는 채드에게는 상황이 훨씬 나빴다. 귀뚜라미 떼가 길게 뻗은 그의 다리와 의자와 옷 안팎으로 몰려들었기 때문이다. 우리의 바퀴가 길에 나타난 그 무리들을 으깨지 않을 수 없게 되자, 뛰어오르며 울어대는 침입자들의 구역질나는 광경과 소리가 더 강렬해졌다. 짓눌린 무척추동물에게서 나는 역겨운 냄새가 속을 뒤집었고, 죽은 동료의 시체를 먹는 귀뚜라미들을 볼 때도 구토가 났다.

이 끔찍한 사건이 벌어지고 있는 와중에, 이 장거리 자전거 달리기를 구상한 채드의 최초 소망이 내게 떠올랐다. 더 극적이고,

더 큰 노력이 요구되고, 더 기억에 남는 것에 대한 소망이. 이것으로 이미 충분하다는 생각이 들었다. 임무는 이룬 셈이었다.

상황이 호전되어 그 광란의 현장을 벗어나는 순간, 우리 앞에 갑자기 두 대의 차가 멈춰 섰다. 두 차의 문이 넓게 열리면서 두 남자가 핸드바이크를 타고 내렸다. 한 사람은 두 다리가 절단된 사람이었고, 또 한 사람은 팔과 어깨가 건장한 하반신마비자였다. 그들은 전날 밤 텔레비전에서 채드에 대한 뉴스를 보고는 채드의 심정을 너무나 잘 이해했기 때문에 조금이나마 도움을 주고 응원을 하기로 마음먹었다. 그렇게 해서 그들은 자신들의 강인한 팔을 최대한 이용해서 채드를 도와 오르막길과 내리막길을 달렸다. 마치 나아갈 지형과 적군에 대한 중요한 정보를 전달하는 정찰 군인들처럼.

채드와 헤어질 시간이 다가왔을 때, 나는 내키지 않았지만 하는 수가 없었다. 그가 이 여행에 대해 다시 생각하기 시작했음을 나는 느낄 수 있었다. 그날 밤 늦게, 자신이 출발한 지점에서 멀리 떨어진, 그러나 그가 정한 목적지에서는 훨씬 더 멀리 떨어진 모텔 방에서 채드가 내게 전화를 걸었다. 그는 자신이 이 미친 계획을 구상했을 때 대체 무슨 생각을 하고 있었던 것인지 궁금하다며 소리를 질렀다. 그냥 너무 힘들다고 그는 말했다. 극도의 어려움이 그를 무너뜨리고 있었다. 그는 계속할 수 있을지 확신이 없었다.

나는 어떤 친구라도 보여 주었을 반응을 보였다. 포기하지 말고 중단하지 말라고 채드를 격려했다. 그에게 끝까지 해낼 능력이 있음을 안다고 나는 말했다. 어쨌든 그는 이미 모두의 예상을 깨고 음식 먹는 법과 양치질하는 법, 옷 입는 법과 똑바로 앉는 법을 배우기 위해 며칠을, 몇 주를, 몇 달을 인내해 오지 않았는가? 나는 그가 이 장대한 자전거 달리기를 위해 일 년 반 이상 훈련해 온 사실을 그에게 상기시켰다.

그러고 나서 전화를 끊었다. 나는 무력감을 느꼈다. 사랑하는 사람이 자기 스스로 어려움을 극복해야 한다는 사실을 깨달았을 때 느끼는 무력감을. 우리는 그들을 위해 가능한 한 많은 것을 해 주고 싶지만, 자신이 가장 원하는 것을 위해 기꺼이 고통받을 것인지 결정하는 것은 그들 자신에게 달려 있다.

훗날 나는 이 과정을 '열정passion'이라는 단어 하나로 요약할 수 있다는 것을 단어의 대가로부터 배웠다.

목요일 오후, 나는 아서의 인기 있는 '문화 캡슐culture capsule(각 문화마다 갖는 특징과 차이를 배우는 강의)'이 시작되기를 손꼽아 기다렸다. 매주 목요일 오후 2시가 되면 아서와 같은 아파트에 사는 몇 명의 노인들이 보행 보조기와 휠체어를 타고 중앙 출입구 옆의 휴게실로 모였다. 그러면 일평생 교수였던 아서는 단어의 힘을 이용해 그들을 데리고 세상 곳곳으로 언어 여행을 떠났다. '단골'

수강생들이 몇 명 들어오자, 아서 왓킨스 교수는 꼼꼼하게 준비한 강의 노트를 모두에게 나눠 주었다. 그곳에는 백내장으로 시력에 문제가 있는 고령자들이 과연 읽을 수 있을지 의심될 만큼 깨알 같은 글씨가 빼곡히 인쇄되어 있었다.

아서는 마치 200명의 학생 앞에 선 교수처럼, 여섯 명의 허물없는 청중에게 분명하고 정확한 발음과 교수다운 말투로 강의를 시작했다. 단어 하나하나가 아서의 정열적인 목소리에 실려, 그리고 언제나 첫수업 같은 전염성 강한 열정과 함께 전달되었다. 강의를 시작하고 몇 분 후, 우아하게 차려 입은 팔십 대 여성이 꾸벅꾸벅 졸다가 자기도 모르게 고개를 쳐드는 순간 팔과 손이 움직이면서 강의 노트가 바닥에 흩어졌다. 단잠에 빠져 있던 그녀는 멋쩍은 미소를 지으며 손을 뻗어 흩어진 강의 노트를 주워 모았다.

아서는 강의를 방해하는 것들에 아랑곳하지 않고, 자신의 목소리가 울려 퍼지는 공간 안에 있는 모든 사람에게 일생의 연구를 전달하는 데 집중했다. 오늘 그의 강의 제목은 '8백 개의 어휘를 60만 개로 늘리기'였다. 강의를 진행하면서 아서는 단어를 배우는 것에서 단어로부터 배우는 것으로 주제를 옮겨 갔다.

그가 말했다.

"단어들의 진정한 의미를 아는 것은 우리의 삶에 지대한 영향을 미칩니다."

강의가 끝난 후 우리는 휴게실에서 나와 그의 방으로 갔다. 우리의 '단어 수업'을 위해서였다. 아서는 그 시간을 그렇게 불렀다.

그날 우리의 토론 주제로 내가 요청한 단어는 '열정'이었다.

단어의 대가는 미소를 지으며 설명을 시작했다.

"열정passion이라는 단어는 12세기에 처음 나타났습니다. 기독교 학자들에 의해 만들어진 단어로, 본래는 '고통받다'는 의미였습니다. 순수한 의미에서 그것은 '예수 그리스도가 기꺼이 받아들인 고난'을 뜻합니다."

아서는 단어의 기원에 대해 가르쳐 준 뒤 이렇게 덧붙였다.

"열정은 단지 고통을 위한 고통을 의미하지 않습니다. 열정은 순수해야 하며 기꺼이 고통받는 것이어야 합니다."

그는 이어서 말했다.

"나는 예수 그리스도의 수난을 되새기는 유럽의 많은 축제와 연극들을 보았습니다. 그것들은 '예수 수난극'이라고 불립니다."

아서는 '열정passion'과 '길path' 두 단어가 비슷한 어원을 가지고 있다고 말했다. 즉 '길path'은 원래 '무엇으로부터 고통받다'라는 의미의 접미사이다.

아서가 말했다.

"이것을 생각해 봅시다. 병리학자pathologist라는 의사가 있습니다. 그들은 인간이 고통받는 병과 질환을 연구합니다."

그런 다음 그는 고통suffering과 희생sacrifice의 연관성에 대해 밝혔다.

"희생sacrifice이라는 단어는 '신성한'이라는 의미의 라틴어 '사크라sacra'와 '행하다'라는 뜻의 '피케fice'에서 왔습니다. 희생하는 것은 '신성한 것을 행하는 일'입니다."

그가 말을 계속했다.

"본질적으로 열정은 신성한 고통입니다."

아서가 밝혀 낸 것은 내 영혼 속 깊이 스며들었다. 고통이 반드시 나쁜 것만은 아니다. 고통은 좋은 것일 수 있고 또 그래야만 한다. 고통은 고귀하다. 고통은 신성하다. 고통은 삶을 결정한다.

고통을 받고 희생자가 되는 것과, 어떤 이유로 기꺼이 고통을 받아들여 승리자가 되는 것은 완전히 다른 것이다.

비록 열정을 깊은 사랑이나 낭만적인 사랑으로 정의하는 것이 대중화되어 있지만, 그 단어의 진정한 의미는 '자신이 사랑하는 것을 위해 기꺼이 고통받는 것'이다. 기꺼이 대가를 치를 수 있는 대상을 발견할 때 우리는 삶의 사명과 목적을 발견한다.

빅터 프랭클을 홀로코스트의 지옥 속으로 보낸 것은 '열정'이었다. 존경받는 외과 의사이자 신경정신과 의사, 그리고 작가였던 그는 무슨 일이 일어나고 있는지 알 수 있었다. 나치가 그가 사랑하는 도시 빈을 장악하려는 것이 분명했다. 그는 빈을 떠나 미국으로 갈 수도 있었지만 그대로 남기로 결정했다. 비자를 받을 수 없었던 부모에 대한 깊은 사랑 때문이었다.

빅터의 두 번째 아내인 엘리 프랭클이 그 이야기를 빈 외곽의 한 레스토랑에 모인 우리들에게 들려주었다. 그 레스토랑은 한때 루트비히 판 베토벤이 살던 집이었다. 청력을 완전히 상실한 베토벤은 바로 그 집에서 위대한 걸작 교향곡 제9번 〈합창〉을 작곡했다. 베토벤이 남긴 마지막 말은 그보다 더 적절할 수는 없었다.

"나는 천국에서 들을 겁니다."

그 역시 자신의 고통을 고귀하게 이겨내는 법을 배웠던 것이다.

엘리 프랭클이 들려준 이야기에 따르면, 빅터는 미국 영사관에서 관광 비자를 받고 집으로 돌아와, 탁자 위에 놓인 큰 대리석판을 우연히 발견하게 되었다. 그 석판은 나치가 파괴한 마을 유대교 회당에서 그의 아버지가 가지고 온 것이었다. 성경의 십계명을 새긴 석판의 일부로, 다음의 계명이 그 위에 새겨져 있었다고 그녀는 회상했다.

'네 부모를 공경하라. 그리하면 내가 네게 준 땅에서 네 생명이 길어지리라.'

그것을 본 빅터는 관광 비자를 받은 여권을 서랍 속에 넣고 다시는 사용하지 않았다. 그는 기꺼이 부모와 함께 머물며 고통받기로 선택했다. 강제수용소에서도 아버지의 곁을 지켰고, 아버지가 자신의 품에서 숨지기 전까지 아버지의 통증과 고통을 덜어주는 약물을 투여할 수 있었다.

전쟁이 끝난 뒤, 빅터는 빈에 있는 자신의 집필실에 소중한 미술 작품 두 점을 놓아두었다. 첫 번째 것은 손을 뻗은 한 남자를 나무로 조각한 작품이었다. 작품명은 〈고통 속의 남자〉였다. 두 번째 것은 아우슈비츠 수용소에 있는 10개의 관을 그린 그림이었다. 실제로 그는 그 관들 중 하나에서 아버지의 유해를 발견했었다. 이 두 작품은 그가 왜 수용소로 갔었는지, 그가 어디로 갔었는지, 그리고 그곳에서 무엇을 했었는지를 생생하게 상기시킨다.

열정은 당신의 능력을 최대한 발휘하게 한다. 기꺼이 고통받으려는 빅터의 의지는 그를 그의 재능으로 이끌었다. 열정은 그가 하도록 되어 있던 일을 하도록 이끌었다. 즉 다른 사람들이 삶의 의미와 목적을 발견하도록 돕는 일을.

빅터는 가르쳤다.

"인간으로서 우리의 핵심적 욕구는 삶의 의미를 탐구하는 것이다. 사람이 자신의 운명을 받아들이는 길과, 그것에 뒤따르는 모든 고통과, 그가 자신의 십자가를 짊어지는 길은 가장 힘든 상황 속에서도 그에게 삶의 깊은 의미를 알아갈 많은 기회를 준다."

우리는 종종 고통을 통해 그 의미를 발견한다. 랄프 왈도 에머슨은 '모든 벽에는 문이 있다.'라고 말했다. 가장 순수한 의미에서 열정, 즉 우리가 사랑하는 것을 위해 기꺼이 고통받으려는 마음은 종종 우리를 우리의 길로 이끌어 주는 문이 된다.

프랭클린 사에서 일할 때, 나는 자전거로 출퇴근하는 것을 좋아했다. 왕복 2시간이 걸리는 길이었다. 신선한 공기와 육체적 운동으로 정신이 맑아져서 사무실 안으로 들어서면 창조적으로 일에 전념할 준비가 되었다. 하지만 자전거 타기는 또한 육체적으로 몸에 부담을 주어서 그것을 해결하기 위해 나는 정기적으로 덴 브링클리라는 안마 치료사를 찾아가게 되었다. 덴은 일류 안마사로 정평이 나 있었다. 그는 내 다리의 뭉친 근육을 풀어 줄 뿐만 아니라 복잡해진 머리를 풀어 주는 대화법도 알고 있었다.

어느 날, 나는 자전거를 타다가 어떤 사람과 크게 부딪쳤다. 정확히 표현하자면 그 사람이 나를 들이받았다고 해야 할 것이다. 나는 시속 30킬로미터로 자전거를 타고 있었는데 필로폰과 맥주 6병에 취한 십대 운전자가 시속 100킬로미터가 넘는 속도로 달려와 뒤에서 나를 들이받았다. 그는 트럭을 앞지르려다가 반대 방향에서 오는 차를 피하려고 오른쪽으로 핸들을 꺾었고, 그 덕분에 가까스로 정면충돌은 피했지만 나를 들이받고 말았다. 죽음을 불러올 수도 있는 상황이었다. 운전자는 술과 마약에 취해 나를 전혀 보지 못했다. 나는 차의 앞 유리에 부딪쳐 공중으로 튕겨나갔고, 눈앞에 전깃줄이 보일 때까지 영원처럼 느껴지는 시간 동안 허공에 떠 있었다. 17미터 정도를 날아 도로 바닥에 떨어지자 모든 것이 매우 빠른 속도로 움직이기 시작했다. 나는 다시 20미터를 더 날아 도로 바닥에 떨어질 때까지 마치 장난감 고무 닭처럼 두 팔을 버둥댔다. 나를 친 차가 날카로운 소리를 내며 멈춰서더니 나를 바라보았다. 나는 운전대 뒤에 앉아 있는 청년의 멍한 눈을 응시했다. 그는 차를 돌려 갑자기 속도를 높이더니 죽어가는 나를 방치한 채 달아나 버렸다.

곧 구급차가 도착했고 나는 즉시 병원으로 옮겨졌다. 다치지 않은 곳이 말 그대로 한 군데도 없었다. 목뼈가 골절되었고, 뼈가 으스러졌으며, 머리에 심한 부상을 입었다. 계속 토할 것 같아서 똑바로 앉아 있을 수가 없었다. 하지만 기적적으로 나는 아직 살아 있었다. 가까운 친구들이 충격에 놀란 아내를 병원으로 데리고 왔고, 이어서 큰딸이 도착했으며, 그다음에 안마 치료사 덴 브링클리가 왔다.

덴은 내가 알고 있는 남자 중 가장 강한 사람으로, 한 팔로 턱걸이를 열 번도 넘게 할 수 있는 사람이었다. 주말이면 칼을 가지고 멧돼지나 수퇘지와 혈투를 벌이곤 했다. 그는 최고의 전사였다. 만일 당신이 전쟁에 나가야 한다면 그를 데려가고 싶어 할 것이다. 사실 덴은 베트남전에 참전했었으며, 그곳에서 최전방 정찰 대원이었다. 덴은 나를 그 병원에서 퇴원시킬 능력을 가진 유일한 사람이었다. 그는 나의 고통을 이해했다. 내 몸에 무슨 일이 일어나고 있는지 알고 있었고, 내 머리가 느끼는 육체적 정신적 고통을 알고 있었다.

그는 개인적 차원에서 내 상황이 얼마나 심각한지와, 내가 회복하는 것이 얼마나 중요한지 알고 있었다. 그는 말했다.

"케빈, 내가 살면서 딱 한 번 삶을 포기하고 스스로 목숨을 끊으려고 한 적이 있는 거 알아요?"

덴은 베트남전에서 돌아온 후 그런 일이 있었다고 했다. 그는 공사 현장에서 막노동을 하다가 허리를 심하게 다쳐서 다른 직업을 찾고 있었다. 그때 그의 아내가 자신의 삶에 그가 더 이상 필요하지 않으며 누구도 그를 필요로 하지 않는다고 말하고는 은행 통장의 돈을 전부 인출한 뒤 덴과 어린 아들을 버리고 멋진 차를 타고 떠나 버렸다.

어느 이른 저녁, 충격에서 헤어 나오지 못하고 낙담한 그는 장전된 45구경 권총을 들고 자신의 아파트 뒤쪽으로 걸어가 총구를 입 속에 넣었다.

그는 나를 정상적인 생활로 돌려놓으려고 내 몸을 안마해 주면서 이 모든 이야기를 들려주었다.

막 방아쇠를 당기려는 순간, 멀리서 자신의 이름을 부르는 소리가 들렸다. 그를 삶으로 돌아오게 만든 소리가. 그에게 삶의 목적을 알려주는 소리가.

"아빠? 어디 있어요, 아빠?"

그의 아들이 그를 소리쳐 부르고 있었다.

"나는 아빠가 필요해요. 아빠를 못 찾겠어요. 아빠? 아빠? 어디 있어요?"

덴은 말했다.

"나는 권총을 바닥에 내려놓고 아이처럼 엉엉 울었어요. 그때 그곳에서 내가 살아야 할 이유를 발견했습니다. 그날 밤 내 아들이 나의 목숨을 구했어요."

그리고 덴은 그의 아들의 목숨을 구했다.

이처럼 아버지와 아들이 서로를 책임지는 것은 빅터 프랭클의 글에 더 잘 표현되어 있다.

"애정을 담고 자신을 기다리는 인간 존재나, 아직 마치지 못한 일에 대한 책임을 자각하는 사람은 결코 자신의 삶을 던져 버릴 수 없을 것이다. 그는 자신의 '존재 이유'를 알며, 그것을 이루기 위한 어떤 방법도 견딜 수 있을 것이다."

덴 브링클리는 내가 자신의 재능을 필요로 한다는 것을 알았다. 많은 시간에 걸친 개인 치료와 재활 치료 덕분에 나는 마침내 퇴원할 수 있었고, 그 후에도 몇 주 동안 그는 계속해서 저녁마다 우리 집을 방문했다. 여덟, 아홉 시간의 안마 일을 마치고 우리 집으로 와서 나를 위해 또다시 한두 시간 마사지를 해 주며 엉망이 된 내 몸을 바로잡아 주었다. 덴은 진정한 자비를 나에게 보여 주었다.

내가 배운 단어 '자비compassion'는 '함께'라는 뜻의 '컴com'과 '고통받다'라는 뜻의 '패션passion'이 합쳐진 것이다. 자비는 '다른 사람과 함께 고통받는 것'이다. 덴이 나와 함께, 나를 위해 기꺼이 고통받은 것에 대해 나는 영원히 고마워할 것이다.

대부분의 현대 사전들이 만들어진 이후 새로 생겨난 단어 중에서 '열정'보다 더 많은 힘과 깊이를 지닌 단어는 없을 것이다. 열정은 삶의 목적과 의미를 발견하기 위해 개인 차원에서 해야 하는 일이 무엇인지 설명하는 것을 넘어, 한 사람이 다른 누군가를 위해 매일 행하는 영웅적이고 이타적인 행동을 가장 잘 설명하는 단어이다. 그런 사람들은 많다. 코치, 교사, 작가, 멘토, 트레이너, 치료자, 심리학자, 간호사, 상담사, 의사가 그들이다. 이들은 자비심과 열정을 갖고 다른 사람의 삶을 풍요롭게 하고 넓혀 주는 사람들이다. 그리고 헌신적인 어머니보다 더 완벽한 '열정'의 본보기가 있을 수 있을까?

혼잡한 시장에서 자신의 아이를 잠깐 동안 잃어버린 어머니의 눈을 본 적이 있는가? 당신은 그런 식의 열정을 원하지는 않을 것이다. 어머니는 자식을 위해, 아기를 위해, 뱃속의 태아를 위해 기꺼이 고통받는다. 단지 출산을 위해 아홉 달을 인내하며, 자식을 위해 기꺼이 고통받는 그 마음은 일생 동안 지속된다.

나는 나의 어머니가 형과 나를 위해 희생하는 모습을 지켜보았다. 나의 아내가 우리의 여섯 아이를 이 세상 속으로 데려오기 위해 고통받는 모습을 지켜보았다. 그리고 더 최근에는 나의 큰딸 서머가 셋째 아이를 낳기로 결정하는 것을 경외심을 갖고 지켜보았다. 그것은 쉬운 결정이 아니었다. 왜냐하면 서머는 임신했을 때 끝없이 입덧을 하고 심한 편두통과 어지럼증을 느꼈으며 사물이

둘로 보여 많은 시간을 침대에 누워 있어야만 했기 때문이다. 한번은 내가 서머에게 물었다.

"너는 왜 그 힘든 걸 또 겪으려고 하니?"

서머는 방 안에서 놀고 있는 예쁜 두 딸을 바라보았다. 말이 필요 없었다. 그 눈길로도 충분했다. 그것이 아홉 달이라는 긴 시간 동안 기꺼이 다시 고통받으려는 이유였다.

모든 가치 있는 기여는 열정을 통해 이루어진다. 그 대가를 기꺼이 치르고자 한다면.

내가 좋아하는, 역사상 가장 위대한 자기 계발서의 저자는 한때 자살하기 위해 마지막 남은 몇 푼의 돈을 총을 구입하는 데써 버릴 뻔한 알코올중독 노숙자였다. 그는 자기가 없어지면 세상이 더 나아질 것이라고 생각했다. 다행스럽게도, 그의 말에 영감을 받을 미래의 수백만 독자를 위해, 그는 전당포 진열장에 놓인 권총의 차가운 유혹을 뿌리치고 공공 도서관이라는 안전한 피난처로 발길을 돌렸다. 그런 뜻밖의 운명의 변화는 그를 한 권의 책으로 이끌었다. 그의 삶을 영원히 바꾸어 놓은 메시지가 담긴 책으로. 표지를 넘기자 그곳에 이런 구절이 있었다.

"그대의 희망이 신의 법칙이나 인간의 법과 모순되지만 않는다면 그대가 바라는 어떤 것이든 이룰 수 있다. 그대가 기꺼이 그 대가를 치르고자 한다면."

그 순간 그는 자신이 완성해야 하는 끝마치지 않은 일이 있음을 깨달았다. 그는 어린 시절부터 작가가 되기를 꿈꾸었다. 세상에 큰 공헌을 하는 작가가. 그 구절은 그에게 이제 그 꿈을 추구하라고 영감을 불어넣었고, 그렇게 함으로써 그는 어거스틴이라는 이름의 절망한 실직 세일즈맨에서 오그 만디노로 자신을 변신시켰다. 언제까지나 베스트셀러인 『세상에서 가장 위대한 세일즈맨 The Greatest Salesman in the World』을 쓴 재능 있는 작가로.

그는 그 모든 것을 다음과 같이 요약해서 말했다.

"당신의 능력을 필요로 하는 이가 세상에 한 사람, 단 한 사람이라도 있다는 걸 안다면 어떻게 불행하고 우울할 수 있겠는가?"

새벽 4시, 손으로 자전거를 굴려 아펙스 정션의 꼭대기에 이르렀을 때 채드 하이머스는 저 멀리 자신의 최종 목적지인 라스베이거스의 반짝이는 불빛들을 볼 수 있었다. 그는 훗날 나에게 말했다. 그 순간 그가 느낀 기쁨은 어느 누구도 헤아릴 수 없을 것이며, 그 마지막 언덕에 오르기 전에 그가 직면해야 했던 몇 날 며칠 동안의 피로와 절망 역시 누구도 짐작할 수 없을 것이라고. 너무 지쳐서 눈물조차 나오지 않은 때도 있었다고 그는 말했다. 그 여행은 그가 가진 모든 것보다 더 많은 것을 요구했다. 빅터 프랭클이 '빛을 비추는 존재는 반드시 불에 타는 과정을 견뎌야 한다.'라고 말한 의미를 채드는 배웠다.

채드는 거대한 건초더미가 자신을 덮쳤을 때 목이 끊어질 듯한 통증도 견뎌 냈다. 수술실에서 나와 자신이 다시는 걸을 수 없다는 사실을 알게 되었을 때, 어둠의 시간 속에서 자신을 압도하는 지독한 두려움도 견뎌 냈다. 자신의 가족을 부양할 수 없을 것이라는 끔찍한 생각도 이겨 냈다. 심지어 가족조차 잃을 수도 있다는 두려움과도 직면했다. 그리고 아직 마비되지 않은 몸의 기능을 회복시키기 위해 18개월의 긴 기간 동안 쉬지 않고 혹독한 재활 훈련에 들어갔다.

그리고 이제, 스스로 만든 지옥과 천국을 넘나드는 경험을 통해 그는 어느 누구도 경험한 적 없을 길고도 더딘 중요한 길을 견뎌 냈다. 어떤 여행이든 중간에 접어들수록 더 힘들어진다. 우리의 열망과 꿈을 완성해 가는 여정의 중간 단계가 그러하듯이. 그때가 바로 진정한 열정, 즉 고통을 견디는 힘을 발휘할 때이다.

우리의 묘비에는 두 개의 날짜가 새겨진다. 하나는 우리가 태어난 날이고 나머지 하나는 우리가 죽은 날이다. 그러나 우리의 삶을 상징하는 것은 두 날짜 사이의 선이다. 그 사이에서 무슨 일이 일어나는가? 그 충격적인 두 순간 사이에서 어떤 일이 일어나는가? 큰 기쁨의 순간들인가?

그 모든 길의 중간에서, 도로의 온도가 섭씨 49도까지 치솟고 페달을 붙잡은 손의 힘이 너무 약해져서 테이프로 양손을 페달에 묶은 채로 평균 시속 3킬로미터도 안 되는 속도로 달리다가 채드는 그동안 경과한 시간을 재던 것에서 도로변의 킬로미터 이정표를 세는 것으로 방법을 바꾸었다. 그러다가 상황이 정말로 힘들어지자 그의 아버지가 끼어들어 그에게 말했다.

"아들아, 도로변의 녹색 이정표 대신에 도로 가운데 있는 노란색 차선을 세어 보렴. 그것들이 좀 더 자주 나타난단다. 그게 도움이 되는지 한번 봐라."

채드는 너무나 지치고 감각을 잃은 상태여서 대꾸조차 할 수 없었다. 그리고 나서 그는 이미 알고 있던 사실을 다시 깨닫게 되었다. 하나의 목표를 더 작은 단계들로 줄여나감으로써, 즉 한 번에 하루씩, 한 번에 1킬로미터씩, 한 번에 한 시간씩, 심지어 한 번에 노란색 중앙선 하나씩으로 줄여나감으로써 최종 목적지에 도달할 수 있다는 것을.

여행의 시작과 마찬가지로 여행의 마지막에는 다시 쉬워진다. 경찰 호위대가 다시 등장했다. 솔트레이크시티의 출발 지점에서 환호해 주던 가족과 친구들이 결승 지점에서 그를 맞이하기 위해 비행기를 타고 라스베이거스로 왔다. 언론 매체도 다시 왔고 조명이 켜지고 텔레비전 카메라도 돌아가고 있었다. 낯선 행인들은 가는 걸음을 멈추고 그에게 박수를 보냈다. 네바다 주 도로 순찰대가 채드를 미라지 호텔 앞 결승선까지 호위하는 동안 라스베이거스 대로의 모든 교차로 신호등도 꺼졌다. 그가 통과하는 동안 카지노에 있던 사람들도 밖으로 나와, 손으로 자전거를 굴려 800킬로미터를 달려 온 이 남자에게 박수를 보냈다. 다행히 귀뚜라미들은 그곳에 없었다.

결승선에 도착해 완전히 녹초가 되었을 때도 그는 자신의 목표를 잊지 않았다. 그가 꿈을 실현했다는 소식을 들은 한 단체가 그에게 전화를 걸어 3일 후에 루이지애나에서 강연을 할 수 있는지 물었다. 채드는 기력을 회복할 시간을 달라는 요청도 하지 않았다. 그는 곧바로 강연 연습을 시작했고, 비행기를 탔고, 루이지애나로 날아갔다. 자동차 기름 값에 지나지 않는 강연료를 선불로 받고 사람들에게 강연했으며, 강연이 끝난 후에 두둑한 사례를 받았다.

그 이후 그는 인기 있는 강사가 되었다. 그를 찾는 이들 중에는 세계적으로 큰 기업들과 단체들도 포함되어 있다. 서른두 살의 나이에 그는 최연소로 '공인된 강연 전문가'라는 칭호를 얻었다. 그것은 전미강연자협회에서 엄선한 극소수에게만 주는 칭호이다. 월스트리트 저널은 그를 '세상 사람들에게 영감을 주는 10인 중 한 사람'으로 선정했다. 이제 그는 한 해에 수백만 달러의 수입을 올리는 사람이 되었다. 그러나 그의 가장 큰 성취는 사랑하는 아내에게 헌신적인 남편으로, 세 자녀와 최근 입양한 또 다른 아이에게 자랑스러운 아빠로 남아 있게 된 일이다.

채드는 외부의 영향이 자기 삶의 방향과 온도를 결정하게 놓아두는 대신 자신이 통제권을 쥐고 스스로 운명의 지도를 그리기로 선택했다. 그는 비극을 승리로 바꾸었다.

결승선에서 채드의 어머니가 눈물 글썽이는 눈으로 나에게 다가와 우리 모두가 생각하고 있던 것을 한 마디로 말했다.
　"채드가 정말 자랑스러워요. 채드는 방금 불가능한 일을 이루었어요."

　세상에는 시작하는 사람들이 많다. 새롭고 신나는 일을 시작하는 것을 좋아하지 않을 사람이 어디 있겠는가? 시작하는 것은 쉬운 부분이다. 어려운 부분은 끝까지 하는 것이다. 끝까지 마치는 것, 그것이 열정이 있는 사람과 그렇지 않은 사람을 구분한다.
　내가 가장 열망하는 것을 위해 기꺼이 고통받거나 희생하려 하지 않았기 때문에 의미 있는 추구를 끝마치지 못한 채 남겨둔 것은 무엇인가?
　끝내지 못한 어떤 목표가 나로 하여금 아직 충족되지 않은, 미완성의 기분을 들게 하는가?
　모든 사람은 특정한 과제와 꿈과 목표를 가지고 있다. 그것을 끝마치고 완성하고 성공적으로 이루었을 때, 삶의 질이 극적으로 좋아지는 것을 경험할 수 있다. 절반만 끝낸 일만큼 자신의 온전함에 치명적인 것은 없다.
　열정이 있는 사람은 행동하고, 열정이 없는 사람은 시도한다. "한번 해 볼게."라고 말한다면 핑계를 만드는 것이다. 시작은 했지만 끝마치지 않았다면 "난 시도는 해 보았어."라고 말할 수 있다.

그러나 "나는 할 거야."라고 말한다면 어떤 일일지라도 그것을 끝내는 데 전념할 것이다.

'사명mission'은 '보내지다'라는 의미이다. 나는 내가 하도록 되어 있는 것, 내가 하기 위해 보내진 것을 하는 데 전념할 것이다. 그것이 아무리 어려워도 끝까지 해낸 것보다 더 큰 성취는 없다.

사페레 베데레는 '보는 법을 아는 것'이다.
사페레 베데레를 가진 사람은 안을 들여다볼 뿐 아니라
앞을 내다본다. 그는 '어떤 일이 일어나는 것을 보고
싶지 않다'는 것에 집중하기보다 '어떤 일이 일어나는 것을
보고 싶다'에 집중한다.

다섯번째 단어

사페레 베데레 – 보는 법을 아는 것
Sapere Vedere

당신이 상상하고 있는 것은 당신이 살게 될 멋진 인생을 보여 주는 영화 예고편과 같다.

_알버트 아인슈타인

비행기가 마이애미를 이륙했을 때 하늘은 흐려 있었고, 나는 옆 좌석에 앉은 신사와 대화를 나누게 되었다. 그는 인도에서 온 시타 파텔이라는 사람이었다. 우리는 우중충한 날씨에 대해 이야기하고 있었는데 비행기가 순식간에 구름을 뚫고 날아올라 태양 광선 속으로 들어갔다. 너무 눈이 부셔서 우리는 창문의 햇빛 가리개를 내려야만 했다.

그 갑작스런 변화가 내 동승객에게 불현듯 어떤 기억을 떠오르게 한 모양이었다. 그는 내게 고개를 돌리며 말했다.

"어린 시절 뭄바이에서 살았을 때의 일이 기억나는군요. 어느 흐린 날 집에 갔더니 어머니가 저에게 '오늘 하루는 어땠니?' 하고 물으셨습니다. 저는 '오늘은 좋은 날이 아니었어요. 하늘이 무척 어두웠거든요. 해가 전혀 나오지 않았어요.' 하고 대답했습니다. 그때 어머니가 저에게 말씀하신 것이 기억납니다. '해는 뜬 것이란다. 태양은 항상 뜨지. 단지 네가 그걸 보지 못한 거야. 아들아, 너는 구름 너머를 보는 법을 배워야 한다.'"

'우리가 사물을 바라보는 방식을 바꾸면, 우리가 바라보는 사물이 바뀐다.'라는 말이 있다. 역사상 레오나르도 다빈치만큼 이것을 잘 증명한 사람은 없을 것이다. 그는 이탈리아의 위대한 예술가이자 발명가, 과학자, 설계자였으며 몇 백 년 앞의 시대를 내다볼 줄 아는 사람이었다. 사물을 보는 그의 참신한 방식은 훗날 시기가 무르익자 하늘과 바다 탐험이라는 완전히 새로운 세계를 열어 보였다. 동시에 같은 이탈리아 사람인 크리스토퍼 콜럼버스는 아메리카 대륙을 발견함으로써 또 다른 새로운 세계를 열고 있었다.

〈모나리자〉, 〈최후의 만찬〉, 그 밖에 시대를 초월한 수많은 명작을 그린 천재 예술가이기도 했지만 레오나르도 다빈치는 그것을 넘어선 위대한 혁신가였다. 예리한 마음의 눈을 지닌 그는 자기 주위에 있는 모든 것을 전에 없던 시각으로 바라보았다. 그는 자연의 천재성과 단순한 경제성을 탐구했다. 새가 나는 법, 밀물과 썰물의 흐름, 인간의 형태와 대칭성 등이 그것이었다. 어떤 것도 그의 독특한 시선에서 벗어날 수 없었다. 그는 자신의 작업실에 문서 묶음을 남겼다. 그것들은 여러 가지 발명품들의 상세한 그림과 메모였는데, 여러 세기가 지난 뒤 자전거, 글라이더, 비행기, 헬리콥터, 탱크, 로봇, 자이로스코프(회전체의 역학적인 운동을 관찰하는 회전의), 구명 튜브, 이중 선체 선박, 낙하산, 기중기로 발전했다. 그는 산업과 공학에 사용될 경이로운 발명품들을 예측했다. 그가 세상을 떠나고 난 한참 후에야 세상이 그 필요성을 인식하고 개발하게 된 발명품들을. 500여 년이 지난 지금도 이 진정한 르네상스 인이 구상했던 영역의 범위를 다 가늠하기 어렵다.

자신의 천재성의 비밀에 대한 질문을 받을 때면, 다빈치는 그가 좌우명으로 삼은 다음의 문구를 개성 있게 대답하곤 했다.

"사페레 베데레."

이 문구는 라틴어로 '방법을 알다'라는 의미의 '사페레sapere'와 '보다'라는 의미의 '베데레vedere'가 합쳐진 것이다. 사페레 베데레는 '보는 법을 아는 것'이다. 그것은 '보는 것이 믿는 것이다.'라는 속담을 '믿는 것이 보는 것이다.'로 바꿔 놓는다.

사페레 베데레를 가진 사람은 안을 들여다볼 뿐 아니라 앞을 내다본다. 그는 다른 사람들이 믿지 못하는 것을 믿을 수 있고, 보지 못하는 것을 볼 수 있다. 다빈치는 인간이 사물을 볼 때 처음에는 뇌로, 그다음은 마음으로, 그러고 나서는 눈으로 본다는 사실을 이해하고 있었다. 그는 보는 법을 아는 것이 의미 있는 삶을 사는 데 결정적인 요인임을 깨달았다. 그것은 '어떤 일이 일어나는 것을 보고 싶지 않다'는 것에 집중하기보다 '어떤 일이 일어나는 것을 보고 싶다'에 집중하게 한다. 사파레 베데레가 없는 사람은 이렇게 말한다. "나는 그 다리에 도착하면 그곳을 건널 것이다." 사페레 베데레가 있는 사람은 이렇게 말한다. "나는 건너기 전에 그 다리를 볼 것이다."

사페레 베데레는 사후 판단과 예지력과 통찰력이 합쳐진 삼차원의 관점으로 본다. '사후 판단hindsight'은 뒤를 보는 것이다. '하인드hind'는 '뒤'라는 의미이다. 그것은 우리가 지나온 곳이다. '예지력foresight'은 앞을 보는 것이다. '포fore'는 '앞'이라는 뜻이다. 그것은 우리 앞에 있는 것을 말한다. '통찰력insight'은 안으로부터 보는 것이다. 그것은 마음의 눈으로 보는 것이고 심장 박동으로 느끼는 것이다.

마일즈 먼로(세계적인 설교자이며 교육가, 상담가)는 자신의 저서 『비전의 힘*The Principles and Power of Vision*』에서 썼다.

"시력은 눈의 기능이며, 비전은 마음의 기능이다. 비전은 눈이 볼 수 있는 한계로부터 우리를 자유롭게 하고, 가슴이 느낄 수 있는 자유 속으로 들어가게 한다. 가슴이 무엇을 믿을지를 머리가 결정하게 해서는 안 된다."

비전이 없는 사람은 흔히 과거에 집착한다. 그런 사람은 지나간 일들을 길을 알려 주는 이정표로 여기지 않고 고정된 말뚝처럼 여긴다. 오직 사후 판단만이 지배하도록 허용함으로써 늘 똑같은 길만 반복한다. 사페레 베데레를 가지고 있는 사람의 특징은 과거와 현재뿐 아니라 미래까지 본다. 가슴과 마음 안에 있는 것에 집중하고 앞을 내다볼 때 비전이 우리를 앞으로 이끈다.

우리가 '비전'과 '사페레 베데레'라는 단어 수업에 초점을 맞춘 날, 아서의 발걸음은 무척 가벼웠다. 그 두 단어가 그의 안에 있는 어린아이 같은 면을 이끌어 냈다. 그는 나에게 그 단어들을 가르쳐 준다는 것에 무척 흥분해서 자신의 보행 보조기를 앞지를 기세로 마치 나와 경주하듯이 자기 방으로 걸어갔다.

우리 둘이 목적지에 도착해 벽난로 옆 의자에 자리를 잡고 앉자 아서는 내가 묻기라도 한 듯 말했다.

"비전과 지혜가 모두 시각적인 단어라는 걸 알고 있나요?"

그는 그 단어들이 고대 게르만 어에 뿌리를 두고 있다고 설명했다. '지혜wisdom'는 '내가 본 것을 안다'라는 뜻의 '위슨wissen'에서 왔다. '비전vision'은 '내가 보고 있는 것을 안다'라는 의미의 '비슨vissen'에서 왔다.

그는 말을 이었다.

"지혜는 우리가 이미 본 것을 아는 것입니다. 비전은 우리가 보고 있는 것을 아는 것입니다. 그리고 사페레 베데레는 보는 법을 아는 것입니다."

아서는 우리 옆의 벽난로를 손으로 가리켰다. 벽난로fireplace를 지칭하는 원래 단어는 '심장heart'이라는 의미의 '하르쓰hearth(난로)'라고 그는 가르쳐 주었다. 예전에 난로는 모든 중요한 일이 일어나는 장소였다. 집의 따뜻한 열이 난로에서부터 나왔다. 생명을 유지해 주는 음식은 난로에서 준비했다. 의미 있는 대화는 난로 주위에서 진행되었다. 난로는 초점이자 중심점이었다. 집의 핵심이자 심장이었다.

그런 다음 아서는 '비전이 없는 곳에서는 사람들이 멸망한다(꿈이 없는 백성은 망한다).'라는 성경 잠언의 구절을 인용했다. 비전이 있으면 사람들은 확신을 갖고 앞을 내다본다. '확신confidence'은 '믿음faith과 함께con 간다'라는 뜻이다. 분명한 비전은 우리 자신에 대한 믿음을 갖고 나아가게 한다.

가르침을 이어 나가는 동안 나는 아서의 눈빛에서 환희 같은 것을 보았다. 자신을 잊을 정도로 언어의 비밀에 심취되어 있는 동안 그가 느끼는 기쁨이었다. 그는 만족감 그 자체였다. 비록 등은 굽었고 한창때가 지났지만, 나는 그가 자신의 지혜와 비전을 통해 누구도 이해할 수 없는 자신만의 마음속 장소에 도달해 있음을 보았다. 퇴직자 전용 아파트의 원룸에서만 지내야 하지만, 그는 내가 아는 그 누구보다 자유로웠다.

나는 최근에 들은 한 연구가 생각났다. 그것은 미래에 대한 비전 없이 은퇴하면 위험해질 수 있다는 사실을 확인해 준 연구였다. 만일 사람들의 비전이 '언젠가'라면, 예를 들어 언젠가 차를 구입하는 것, 언젠가 집을 사고, 언젠가 아이들을 독립시키고, 언젠가 스포츠카를 사는 것이라면, 만약 그것이 살아가는 목적이라면, 일단 그것을 얻고 난 다음 퇴직하면 몇 년 지나지 않아 죽는 경우가 허다했다. 앞으로 가야 할 미래의 길이 없기 때문에 무관심이 들어서는 것이다. 아서는 '무관심apathy'이란 길path이 없는 것이라고 가르쳐 주었다. 목표와 꿈과 열망이 사라진 것이다. 어원학적으로 '무관심'은 '느낌이나 고통이 없다'는 의미이다. 그것은 열정과 비전의 반대이다.

여기 내 앞에 심오한 비전을 가진 한 남자가 있었다. 비록 나는 건강하고 귀도 잘 들리고 시력도 좋고 끝없는 기회가 내 앞에 놓여 있지만 나는 그가 부러웠다.

매사추세츠 주에서 열리는 보스턴 마라톤 대회가 막 시작되었을 때, 내 앞의 한 주자가 눈에 띄었다. 그는 분명히 나보다 나이가 많은 사람이었는데 북적대는 선수들 무리를 통과해 능숙하게 자신의 길을 헤쳐가고 있었다. 이번이 이 유서 깊은 마라톤 경기의 100회째 대회였다. 정식으로 등록한 참가자들과 비공식적으로 끼어든 얌체족을 포함해 무려 4만 명이 넘는 선수들이 마라톤 코스를 가득 메웠다. 수많은 선수들을 통제하기 위해 주최 측에서는 시간 차이를 두고 선수들을 그룹 별로 출발시켰지만, 일단 코스에 접어들면 마치 열차를 타기 위해 뉴욕 지하철 승강장에서 사람들을 헤치고 나아가는 것처럼 혼잡했다.

출발을 기다리는 동안 나는 내 앞에 있는 그 남자를 주목했다. 마른 체격인데도 몸이 탄탄했다. 42.195킬로미터 마라톤을 시작하기 전에 모든 선수들이 하듯이 그도 몸을 풀며 제자리에서 가볍게 뛰고 있었다. 그런데 꼬집어 말할 수는 없지만 그에게는 무엇인가 다른 사람들과 구분되어 보이는 것이 있었다. 이윽고 우리가 속한 그룹이 출발했고 나는 선수들 무리를 뚫고 그를 따라잡으려고 애썼다. 그는 마치 그곳에 아무도 없는 것처럼 유유히 달렸고, 곧 앞으로 치고 나갔다.

그제야 나는 그의 옆에서 나란히 뛰고 있는 또 다른 선수를 발견했다. 두 남자는 동시에 같이 움직이고 있었다. 한 사람이 왼쪽으로 몸을 기울이면 다른 사람도 왼쪽으로 기울이고, 한 사람이 오른쪽으로 움직이면 다른 한 사람도 오른쪽으로 움직였다. 나는 더 가까이 가서 보기 위해 속도를 낸 끝에 비로소 상황을 파악했다. 내가 출발선에서 본, 몸을 풀던 그 남자는 시각장애인이었다. 그리고 그 남자 옆에서 달리는 사람은 안내자였다. 그 안내자는 남자의 팔꿈치에 손가락을 갖다 대는 것만으로 그를 안내하고 있었다. 그리고 그들은 거의 날다시피 달리고 있었다! 몇 분 뒤 그들은 내 시야에서 아예 사라졌다.

나는 나중에야 그 남자가 누구인지 알았다. 마라톤 대회의 출발 지점에서 시각장애인을 목격한 나의 경험을 말하자 나의 이웃이 말했다.

"그는 해리 코넬로스가 틀림없어요. 세상에서 가장 위대한 시각장애인 운동선수이죠. 전에 내가 그에게 스키를 지도한 적이 있습니다. 그 사람이 쓴 『한계는 없다 *No Limits*』를 꼭 읽어 보세요."

나는 그 책을 찾아서 읽었다. 그리고 그보다 더 좋은 것은 해리 코넬로스와 개인적으로 만날 기쁨을 갖게 된 일이었다. 나는 해리를 우리 집에 머물게 초대했고, 로키 산맥의 산장에서 많은 대화를 나누었다. 해리라는 사람은 놀라움 그 자체였다. 그는 숨을 깊이 들이쉬며 숲을 거닐면서 이렇게 말하곤 했다.

"이것들은 로지폴 소나무(북미 서부 원산의 키 큰 침엽수)인가요? 이 정도로 큰가요? 둘레가 이만큼 두꺼운가요?"

그의 추측은 틀릴 때보다 맞을 때가 훨씬 많았다.

여기 시각적으로 손상을 입은 한 사람이 있었다. 하지만 그의 책 제목이 암시하듯이 그에게는 한계가 없었다. 그는 수상스키를 타고 캘리포니아 주 다나 포인트를 출발해 파도가 일렁이는 태평양 위의 카탈리나 섬까지 60킬로미터를 간 적이 있다. 눈이 보이는 사람이라면 아마도 그렇게 할 수 없었을 것이다. 왜냐하면 모든 장애물을 보았을 것이기 때문이다. 해리는 단지 수상스키를 타고 앞으로 나아가기만 했다. 보스턴 마라톤 대회에서 한 것처럼 그의 마음속 눈은 최종 도착지만을 향했다. 그는 자신의 목적지가 무엇인지 알고 있었고, 그것이 모든 차이를 만들었다.

목적은 사페레 베데레를 위한 가장 중요한 요소이다. 일단 목적을 알고 나면 우리는 '길을 발견하는 사람pathfinder'이 된다. 자신이 원하는 것을 알면 자신이 나아갈 곳과 자신이 집중할 곳이 결정된다. 우리의 길은 우리가 여행하는 '방법way'이다. 우리의 비전은 우리가 여행하는 '장소where'이다. 우리의 목적은 우리가 여행하는 '이유why'이다.

다빈치는 말했다.

"그대의 일이 그대의 목적과 늘 일치하기를."

우리는 종종 "너는 의도적으로 그렇게 했다."라고 말한다. 그것은 우리가 의도한 바를 행한다는 의미이다. '목적purpose'이라는 단어는 '의도하다propose'의 파생어로, '앞으로'라는 의미의 '프로pro'와 '두다'라는 의미의 '포즈pose'가 합쳐진 고대 영어 단어이다. 의도한다는 것은 삶에서 일어나도록 우리가 계획한 것을 '앞에 두는' 것이다. 의도한 것과 자신의 삶을 일치시킨다면 '목적을 갖고 살아가라'는 분명한 메시지에 답하는 것이다. 우리 모두는 어떤 목적을 '위해' 태어났고 어떤 목적을 '가지고' 태어났다. 자연의 모든 존재가 그런 것처럼.

빅터 프랭클은 말했다.

"모든 사람은 삶에서 자신만의 고유한 소명과 임무를 가지고 있다. 모든 사람은 반드시 이루어야만 하는 어떤 구체적인 과제를 완수해야 한다. 그 점에 있어 그 사람은 다른 사람으로 대체될 수 없고, 그의 삶이 반복될 수도 없다."

자신의 고유한 소명을 인식할 뿐 아니라 이해하는 것은 매우 중요하다. 삶에서 가장 중요한 두 날은 태어난 날과 자신이 무엇을 하기 위해 태어났는지 발견한 날이다. 바로 그날이 자신이 어떤 사람이 되어야 하는가에 대한 비전을 갖는 날이다.

올림픽 체조 경기에서 금메달을 두 번이나 획득한 피터 비드마르는 이 핵심을 보여 주는 자신의 경험담을 내게 들려주었다. 그는 열두 살 때부터 올림픽 출전을 위해 훈련을 시작했지만 11년의 긴 세월이 지난 스물세 살이 될 때까지 단 하나의 경기에도 출전하지 못했다. 그것은 긴 준비 기간이었고, 체육관에서 똑같은 연습을 날마다 반복하는 끝나지 않을 것 같은 시간의 연속이었다. 그가 그렇게 오랫동안 집중할 수 있었던 유일한 방법은 자신이 원하는 최종 결과를 끝없이 마음속으로 보면서 그로 인해 생겨나는 감정과 하나가 되는 일이었다.

피터 비드마르는 말했다.

"나는 내가 되고 싶어하는 것에 대한 비전이 있었습니다. 올림픽 챔피언이 그것이었지요. 나는 비전의 중요성을 무시할 수 없습니다. 실제로 나를 계속 앞으로 나아가게 한 것은 그 비전이었으니까요."

그러나 경기를 완벽하게 펼친 뒤 금메달을 목에 걸고 시상대 맨 위에 서 있는 자신의 모습을 상상하는 것이 전부는 아니었다.

그는 말했다.

"문제는 '내가 어떻게 보일 것인가?'가 아니었습니다. 중요한 것은 '내가 어떻게 느낄 것인가?'였습니다. 그것이 더 강력한 동기부여가 됩니다."

피터와 그의 동료인 팀 다겟은 날마다 여섯 시간 동안 기진맥진할 정도로 훈련을 끝내고 나면 다른 동료 선수들이 떠난 뒤에도 둘이서 체육관에 남아 있곤 했다. 그리고 실전 경기에서 해야 할 동작들을 정확하게 마음속에 그리면서 올림픽 결승전에 참가하는 자신들의 모습을 상상했다. 마침내 결승전이 다가왔을 때, 마지막까지 남아 중국 선수 팀과 치열한 경쟁을 벌인 미국 선수들이 바로 이 두 사람이었다. 비드마르와 다겟이 여러 해 동안 자신들의 머리와 가슴에서 보고 느낀 동작을 거의 완벽에 가깝게 펼침으로써 미국은 금메달을 획득했다.

올림픽이 끝난 직후 나는 피터 비드마르에게 연락해, 내가 일하는 프랭클린 사의 영업팀에게 자신의 올림픽 경험과 눈앞에 그려 보는 연습이 자신의 성공에 얼마나 중요한 역할을 했는가에 대해 강연하도록 일정을 잡았다. 그 이후 나는 목표와 꿈을 마음속에 시각화하는 데 도움이 필요할 때면 피터와 여러 번 상담했다. 단지 머리와 눈으로 보는 것만이 아닌, 가슴으로 깊이 느낄 수 있는 그의 능력은 매우 값진 것이었다.

비전은 눈을 감았을 때 보이는 것이라고 우리는 말한다. 어떤 것이 되기 전에 우리는 먼저 그것을 봐야만 한다. 제임스 앨런은 말했다.

"고귀한 꿈을 가져라. 그러면 꿈꾸는 대로 될 것이다. 당신의 비전은 언젠가 될 당신의 모습에 대한 약속이다."

나의 친구이자 사업 동료이고 뉴욕 타임스 베스트셀러 작가인 리처드 폴 에반스는 최근 나와 함께 점심을 먹으며 비전의 크나큰 힘에 대한 흥미 있는 이야기를 들려주었다. 그는 아내와 두 아이와 함께 스무 평짜리 작은 집에서 살던 신인 작가 시절을 회상했다. 첫 소설 『크리스마스 상자 The Christmas Box』를 막 완성한 시점이었다. 책은 입소문을 타고 날개 돋친 듯 팔리기 시작했다. 그 전에, 책을 처음 출간하는 작가는 무모한 포부를 가질 수 없음을 안 그는 베스트셀러 1위의 책을 내겠다는 목표를 세웠다. 그 원대한 목표를 세운 다음 그는 곧장 밖으로 나가 그를 지지해 주는 사람들과 자신을 위해 가느다란 금팔찌 다섯 개를 샀다. 그들은 자신의 책이 최고의 베스트셀러가 되는 것을 보겠다는 그의 결심에 동참한 사람들이었다. 그 금팔찌를 찬 사람들은 그의 목표가 이루어질 때까지 그것을 계속 차고 있기로 약속했다.

그는 손목에 팔찌를 찼을 때 어떤 흥분을 느꼈는가에 대해 내게 말해 주었다. 어떻게 그 팔찌가 끊임없이 책에 대한 자신의 비전을 직접적으로 상기시키는 역할을 했는가에 대해. 팔찌는 그의 목표가 그의 마음과 이어지게 한 연결고리였다. 악수를 하거나 글을 쓰거나 전화기를 집어 들 때마다 그는 눈앞에 있는 목표와 다시 연결되었다.

몇 달 뒤, 〈피플〉 매거진이 자신을 미국 최고의 작가로 선정했을 때 자신이 느낀 믿을 수 없는 기분과 흥분감을 그는 순수한 기쁨과 함께 나에게 전했다. 특집 기사에 실을 사진을 찍을 때 그는 금팔찌를 손목 쪽으로 최대한 내밀었다. 같은 금팔찌를 찬 나머지 네 명이 자신들이 함께 나눈 비전이 실현되었음을 볼 수 있게 하기 위해서였다. 케이티 쿠릭(방송인으로 NBC 방송사의 아침 방송 프로그램 〈투데이 쇼〉 진행)의 토크쇼에 초대 손님으로 출연했을 때도 그는 똑같은 행동을 반복했다. 카메라를 바라보며 손을 얼굴 옆까지 들어 금팔찌를 보이면서, 자신의 꿈을 분명하게 본다면 정말로 이루어진다는 사실을 상징적으로 확인시켜 주었다.

천오백만 부의 책이 팔리고 14회 연속 뉴욕 타임스 베스트셀러에 오른 뒤에도 리처드 폴 에반스는 여전히 우리를 앞으로 나아가게 하는 비전의 힘을 굳게 믿는다. 그 후 그는 '크리스마스 상자 하우스 인터내셔널'이라는 국제기구를 설립해 아동 학대 방지와 구타당하고 버려진 아이들을 보호하는 일에 헌신했다. 그는 자신의 머리와 가슴속 꿈을 계속해서 실현해 나가고 있다.

우리가 우리의 비전을 결정하는 사람들이다. 우리는 우리가 원하는 것, 우리가 꿈꾸는 것, 우리의 목표를 삼을 것을 결정한다. 간디는 자유를 찾은 인도를 마음속에 그렸다. 과거에 누구도 그렇게 하지 못했다는 것은 문제가 되지 않았다. 그는 그렇게 했다. 우리에게는 꿈을 선택할 자유가 있다. 한계는 없다. 개인적인 발전, 전문가적인 숙련, 완벽한 경기, 가족의 소원 성취, 풍부한 인간관계, 평화와 평온함, 건강과 안녕, 이타적인 봉사 등 우리가 그것을 마음속에 그릴 수 있다면 우리는 그것을 이룰 수 있다.

나의 소중한 친구이자 뛰어난 기업가인 존 아사라프는 순식간에 베스트셀러가 된 『시크릿 The Secret』에 등장하는 스승 중 한 명이다. 그는 비전을 이용해 자신이 원하는 삶을 창조해 내는 대가이다. 몇 해 전 내가 샌디에이고에 있는 그의 집을 방문했을 때 그는 나를 자신의 집무실로 데려갔다. 그곳은 수영장과 손님 숙소가 내려다보이는 차고 위에 위치해 있었다. 그는 내게 책상 위 벽에 걸린 '비전 보드'를 보여 주었다. 그는 그 보드에 자신이 갖고 싶거나 하고 싶은 일들의 사진을 오려 붙여 놓았다. 그는 그 사진 몇 장의 중요성에 대해 이야기했고, 우리의 대화는 인간 정신의 힘과 목표를 추구하는 우리의 자연스런 성향에 대한 토론으로 이어졌다.

우리가 본채로 돌아가서 그의 두 아들이 노는 모습을 지켜보는 동안, 존이 내게 고개를 돌리더니 자신이 이 집에서 어떻게 살게 되었는지 나한테 말한 적이 있느냐고 물었다. 내가 없다고 대답하자, 그는 지금까지 내가 들어본 것 중에서 가장 놀라운 시각화의 예를 들려주었다. 전에 그의 가족은 몇 번이나 이사를 해야 했으며, 이 멋진 새 집에 정착할 때까지 몇 년 동안 집의 물건들이 창고에 보관되어 있었다. 이사를 한 직후 그와 그의 아들은 전에 자신들이 만든 '비전 보드'를 꺼내 보게 되었다. 그 보드에는 그들이 지금 살고 있는 바로 그 집을 찍은 사진이 붙어 있었다. 자신들의 새 집과 비슷하게 생긴 사진이 아니었다. 정확히 그 집의 사진이었다. 존은 5년 전 인디애나 주에 살고 있을 때 고급 주택을 소개한 잡지에 실린 그 사진을 오려서 비전 보드에 붙여 두었었다고 내게 말했다. 당시 그는 자신이 상상한 그 집이 어디에 있으며 가격이 얼마인지 전혀 알지 못했다. 비전 보드는 몇 년 동안 창고에 있었지만, 그는 마음에 그렸던 바로 그 집을 구입해서 살고 있었던 것이다. 나에게 이 이야기를 들려준 몇 해 뒤, 존은 『시크릿』에서 끌어당김의 법칙을 설명하기 위해 이 일화를 소개했고, 그 뒤에 출간된 그의 공저 『해답 *The Answer*』에서는 꿈을 실현하는 구체적인 실천 방법들을 제시했다.

시각화는 성공적인 미래를 향한 첫 번째 열쇠이다. 미래를 예측하는 가장 좋은 방법은 미래를 그려보고 그것을 실천함으로써 미래를 창조하는 일이다. 다빈치와 같은 나라 사람인 조각가 미켈란젤로는 말했다.

"나는 모든 대리석 덩어리 안에서 하나의 조각상을 본다. 그것은 마치 내 앞에 서 있는 것처럼 분명하며, 완벽한 자세와 동작을 갖추고 있다. 나는 그 아름다운 환영을 가둔 거친 대리석을 깎아 내어 내 눈이 본 것처럼 다른 사람의 눈에도 그것이 보이도록 드러내 주기만 하면 된다."

우리 각자의 삶에서 장애물과 도전에 직면할 때 우리가 조각하는 대리석은 때로는 부드럽지만 때로는 단단하다. 아무리 어렵다고 할지라도 자신 앞에 무엇이 있는지 볼 수 있다면 인내하며 이겨내는 능력이 생겨난다.

이것의 놀라운 예는 현대 조각가 게리 리 프라이스의 삶에서 찾을 수 있다. 독특한 기술과 재능 덕분에 게리는 '책임의 조각상'을 조각해 달라는 의뢰를 받았다. 그 조각상은 빅터 프랭클이 고안한 것으로, 언젠가는 '자유의 여신상'과 짝을 이루게 될 기념비였다. 게리가 만든 모형 조각상은 두 손이 한 손은 아래에서 다른 한 손은 위에서 내밀어 서로를 꽉 잡고 있는 모양을 하고 있는 모습으로, 인간이 서로 나누는 책임을 상징한다.

빅터 프랭클의 가족에게 그 모형 조각상을 보여 주기 위해 오스트리아에 머무는 동안, 이 천부적인 예술가는 힘든 역경 속에서 살아온 자신의 여행에 대해 들려주었다. 그는 지금 유럽에 머물고 있는 것이 마음 깊은 곳에 있는 과거의 기억들을 떠오르게 한다고 말했다. 그 기억들은 견딜 수 없이 고통스럽지만, 모든 위대한 성취는 꿈과 함께 시작된다는 것을 확인시켜 주는 따뜻한 기억이라고 했다.

게리가 독일에 주둔한 미군 사택에서 어머니와 의붓아버지와 함께 살게 되었을 때는 겨우 여섯 살이었다. 그의 의붓아버지가 독일로 발령 받은 것이다. 그는 어머니가 어떻게 그의 그림에 대한 재능을 처음 발견했고, 어린 그에게 그 재능을 키워 나가도록 어떻게 용기를 주었는지 회상했다.

게리가 말했다.

"어머니는 내 손을 잡고 크레용과 연필로 선 긋는 법을 가르쳐 주셨습니다. 어머니는 내게 재능이 있다고 자주 말씀하셨어요. 저를 칭찬하면서 제가 훌륭한 예술 작품을 만들게 될 것이라고 확신하셨습니다."

어느 날 밤, 잠든 지 몇 시간이 지나 게리는 비명소리와 외침에 잠이 깼다. 많은 세월이 흐른 뒤였지만 그는 자신이 어떻게 그 방으로 뛰어갔는지, 의붓아버지가 어떻게 어머니에게 총을 겨누고 방아쇠를 당겼는지 끔찍할 정도로 세세하게 묘사했다. 그는 어머니가 자기 앞에서 숨을 거두면서 밝게 빛나는 두 눈을 감는 모습을 지켜보았다. 그리고 의붓아버지가 스스로에게 총을 겨냥하는 더 참혹한 장면을 목격했다. 게리는 여러 해가 지나서야 정신적 외상을 극복할 수 있게 되었다고 고백했다. 그러나 시간이 지나고 성장하면서 그는 어머니에 대한 잊을 수 없는 기억이 어머니의 비극적인 죽음이 아니라 어머니가 그에 대해 가졌던 비전임을 깨달았다. 자신이 위대한 예술가가 될 재능을 정말로 가지고 있으며, 무슨 일이 있어도 그 재능을 꽃피우기를 결코 멈추지 말아야 한다는 어머니의 비전을.

게리는 나치의 만행과 굴욕감을 주는 행동들에 무너지기를 거부한 빅터 프랭클의 삶에 대해 알게 되면서, 어떤 시기에는 삶을 있는 그대로 받아들여야 하며 그런 시기에도 불구하고가 아니라 그 시기 때문에 삶의 의미를 발견하는 일이 중요하다는 것을 이해하게 되었다.

그는 말했다.

"나는 내 삶을 바꾸지 않을 겁니다. 나도 빅터 프랭클처럼 낙관적인 사람이거든요. 그 비극과 고통의 시간 동안 내가 삶에서 바꾸거나 취소할 것은 단 한 가지도 없었습니다. 왜냐고요? 나는 지금의 내 모습과 내가 받은 축복을 좋아하고 매일 그것을 즐기기 때문입니다. 모든 아픔과 과거의 고통은 내가 세상 속에서 선함을 전하는 사람이 되도록 도왔습니다. 예술가로서 내가 자각한 것을 통해 나는 조각품을 탄생시킵니다. 사람들의 정신을 깨우고 영감을 주는 작품을."

게리는 자신에 대한 어머니의 비전을 토대로 꿈을 이룰 수 있었다. 현재 그의 예술작품들은 세상에서 가장 주목을 끄는 장소와 유명한 미술관들에서 전시되고 있다.

게리는 자신의 삶에서 진정한 회복력을 증명해 보였다. '회복력 resilience'은 '레실리레resilire'라는 라틴어에서 유래했다. '리re'는 '뒤'라는 뜻이고 '살리레salire'는 '튀어 오르다'라는 의미이다. 회복력이 있으면 완전히 쓰러진 뒤에도 다시 튀어 오를 수 있다. 좌절과 실망으로부터 다시 튀어 오르지 못한다면, 우리의 진정한 잠재력을 결코 시각화할 수 없을 것이다.

누구에게나 나쁜 일들이 한두 번쯤 일어나기 마련이다. 지각을 가진 존재들, 숨을 쉬고 감각을 느끼고 감정을 느끼며 냄새 맡고 맛을 보는 존재는 누구라도 어려운 일, 노력해야 하는 일, 삶 자체를 완전히 무너뜨릴 것만 같은 끔찍한 일을 견뎌 내야만 한다. 자신의 길을 걷고 목적을 이루기 위해 추구할 때, 우리는 어쩔 수 없이 우리를 쓰러뜨리는 실망을 경험하게 된다.

역경과 회복력에 대한 선구적인 작품인『역경 지수―장애물을 기회로 전환시키기 Adversity Quotient: Turning Obstacles into Opportunities』에서 폴 스톨츠는 역경이 우리의 길을 가로막을 때 우리가 두 가지 중 하나를 할 수 있다고 말한다. 우리는 마치 깊은 구덩이 속에 있는 것처럼, 마치 우리의 상황이 곤란해져서 그 깊은 구멍 속에서 빠져 나올 수 없는 것처럼 우리 삶을 바라볼 수 있다. 혹은, 우리의 삶에 대한 분명한 비전을 유지하고, 자신의 목적이 무엇인지 알며, 그 역경을 더 높은 단계로 올라가는 발판으로 이용할 수도 있다.

우리에게 강력하고 분명한 미래의 모습이 있다면, 우리가 그것을 단지 눈으로 보는 것만이 아니라 마음으로 느끼고 머리의 이성으로 느낄 수 있다면, 우리는 어떤 것도 극복할 수 있고 극복할 것이다.

가치 있는 모든 것이 그렇듯이, 사페레 베데레의 분명한 렌즈를 통해 삶을 바라보려면 일관성과 근면함이 필요하다.

신뢰받는 멘토 스티븐 코비는 최근에 자신의 비전을 분명하게 유지시켜 주는 개인적인 좌우명을 내게 알려 주었다. 그 좌우명은 '크레센도(점점 세게 연주하라는 뜻의 음악 기호)와 같은 삶을 살라'였다. 나는 그에게 그 의미를 물었다.

"크레센도와 같은 삶을 사는 것은 끊임없이 앞을 내다보는 것입니다. 그것은 가장 위대한 일과 세상에 대한 기여가 늘 내 앞에 있다는 의미입니다. 이 철학은 기여에 중점을 둡니다. 성취는 시작과 끝이 있지만, 기여는 언제나 계속됩니다."

그는 이렇게 결론을 맺었다.

"성취가 아니라 기여에 중점을 두면 가장 터무니없는 꿈 그 이상을 이룰 수 있습니다."

흥미롭게도 '크레셴도crescendo'는 18세기에 생겨난 단어 '크레세레crescere'의 파생어이다. 이 단어는 '증가하다' 또는 '자라다'라는 뜻의 이탈리아어이다. 다빈치가 이 사실을 알면 자랑스러워할 것이다.

수정처럼 맑은 날, 캘리포니아 주 다나 포인트에서는 저 멀리 떨어진 카탈리나 섬을 볼 수 있다.

플로렌스 채드윅이라는 놀라운 여성에 대한 이야기가 생각난다. 1952년 7월 4일, 그녀는 카탈리나 섬에서부터 헤엄쳐서 캘리포니아 해변에 도달한 첫 번째 여성이 되고자 그 섬을 출발해 파도를 헤치고 나아갔다. 열다섯 시간 동안 고군분투하는 사이에 짙은 안개가 내려앉았고 그녀는 계속할 수 있을지 자신의 능력을 의심하기 시작했다. 지원 보트를 타고 나란히 따라오는 어머니와 트레이너의 격려에 의욕이 되살아난 그녀는 한 시간 가까이 더 헤엄쳤지만 결국 피로와 탈진으로 무릎을 꿇고 말았다. 플로렌스가 물 밖으로 끌어올려지자 곧 안개가 걷혔고, 허망하게도 800미터도 안 되는 곳에 육지가 모습을 드러냈다.

몇 시간 뒤, 그녀는 인터뷰하는 기자에게 원통한 듯 말했다.

"만약 육지를 볼 수 있었다면 난 해낼 수 있었을 거예요!"

두 달 뒤, 플로렌스는 다시 시도했다. 이번에는 그 해안지대가 그녀의 마음과 머릿속에 선명한 그림으로 새겨져 있었다. 지난번과 같은 짙은 안개에도 불구하고 그녀는 카탈리나 해협을 헤엄쳐

건넌 최초의 여성이 되었다. 남자가 세운 기록을 2시간이나 단축시키면서.

분명함은 힘을 불어넣어 준다. 헨리 데이빗 소로우는 말했다.

"당신의 꿈의 방향으로 자신 있게 나아가라."

최종 결과의 모습을 분명하게 머릿속으로 그리는 것은 그것을 이룰 수 있는 힘을 준다. 내가 그것을 보면, 나는 그것이 될 것이고, 그것을 행할 것이며, 때가 되었을 때 그것을 얻게 될 것이다.

아리스토텔레스는 가르쳤다.

"영혼은 그림 없이는 생각하지 않는다."

내가 '보는 법을 안다'는 것을 우주에게 보여 줄 때, 우주는 반드시 나의 꿈이 이루어지게 한다.

겸손의 어원은 흙을 의미하는 라틴어 후무스이다. 색깔이 짙고 영양분과
유기질이 많은 흙이다. 충분한 흙, 후무스가 삶에 있다면 우리는
무성하게 자라고 발전할 수 있다.
겸손은 배울 수 있고 가르침 받을 수 있는 능력이다.

여섯번째 단어

겸손 — 비옥한 흙

Humility

등불이 계속 타오르려면 기름을 계속 넣어 주어야 한다.

_마더 테레사

겸손은 모든 언어에서 가장 잘못 이해되고 잘못 사용되는 단어 중 하나이다. 겸손은 수동적이고 복종하는 것이 아니며, 어깨를 축 늘어뜨리고 고개를 숙이고 굽실거리며 시선을 밑으로 내리는 것도 아니다.

겸손은 잘 배울 수 있고 지도 받을 수 있는 능력에 관한 것을 말해 주는 단어이다. 겸손은 배우고 성장하고 삶을 확장하는 일에 끊임없이 전념하는 것을 의미한다. 그것은 크레센도의 삶을 사는 것이다. 어깨를 펴고 고개를 똑바로 들어 자신이 될 수 있는 최고가 되기 위해 나아가고 자신의 힘을 최대한 발휘하는 것이며,

그런 다음 자기의 영역을 넓혀 다른 사람도 그렇게 되도록 돕는 것이다.

겸손은 바퀴의 중심, 즉 자기를 다스리는 일과 리더십 사이의 견고한 핵심이다. 이 책의 중간 부분인 이 장에서 겸손은 앞의 다섯 장의 단어들과 뒤의 다섯 장에 나오는 단어들을 연결시킨다. 자기 발견과 개인적 성장을 위한 단어들과, 다른 사람들에게 도움을 주고 영감을 주며 잠재적으로 그들을 이끌 수 있도록 우리에게 능력을 주는 단어들을 연결한다.

우리가 스스로 영향을 받지 않고서는 결코 다른 사람에게 영향을 줄 수 없다. 우리가 변하지 않고서는 세상을 변화시키는 일은 불가능하다.

그 전환은 겸손을 통해 일어날 수 있다.

'겸손humility'의 어원은 흙을 의미하는 라틴어 '후무스humus'이며, 이것은 특히 색깔이 짙고 영양분과 유기질이 많은 흙이다. 씨앗을 비옥한 땅에 심으면 그것은 훨씬 더 큰 것으로 탈바꿈한다. 작은 도토리가 참나무가 된다. 봄에 정성들여 심은 아주 작은 씨앗이 가을에 풍성한 수확을 이룬다. 이 모든 것이 양질의 토양인 후무스와 함께 시작된다.

우리 삶에 충분한 흙, 후무스가 있다면 우리는 자라고 발전하며 우리 주위에 있는 것들을 무성하게 자라나게 할 것이다. 겸손은 성장을 낳는다.

성장은 다양한 방식으로 일어날 수 있다. 풍요로움은 척박하고 메마른 땅에서는 좀처럼 생산되지 않는다. 결실이 많은 작물이 풀이 제멋대로 자라고 방치된 밭의 결과물인 경우는 드물다. 새로운 것을 받아들일 공간을 만들기 위해 이전에 배운 것을 버리고 오래된 것을 놓아 버림으로써 우리는 성장하고 배울 수 있다. 성장을 일구기 위해 여분의 영양분을 보태야 하는 시기가 있다. 풍성한 수확은 주의를 기울여 땅을 경작하고 씨앗을 심고 가지치기를 하는 것으로 시작한다.

우리가 자신의 재능 gift을 꽃피울 때, 사실 자신을 포함한 모두의 이익을 위해 그 선물을 풀어서 펼치는 것이다. 본성을 키울 때 우리의 능력과 재능이 커진다. 반면에 우리가 모든 것을 다 아는 것처럼 가장할 때 우리는 재능을 발전시키고 확장시킬 기회를 스스로 차단하는 것이다. 정원은 정원사로부터 받은 사랑과 보살핌에 보답한다. 자기 자신을 발전시키는 것은 자기 자신을 사랑하는 것이다.

자신이 모든 것을 다 알지는 못한다고 인정하는 겸손함을 지닌 사람에게는 무한한 가능성이 기다리고 있다. 일생 동안 배우려는 자세를 가짐으로써 우리는 성장한다.

'성공'과 '겸손'은 서로 바꾸어 사용할 수 있는 단어가 아닌 듯하지만 두 단어는 밀접히 연결되어 있다. '겸손'과 마찬가지로 '성공'의 어원학적 뿌리 역시 흙으로 거슬러 올라간다. '성공 success'은

'뚫고 나오다'라는 의미의 라틴어 '수케데레 succedere'에서 파생되었다. 중간 부분인 '케데 cede'는 '씨앗 seed'의 어원이다. 씨앗이 비옥한 땅, 즉 후무스를 뚫고 햇빛 속으로 나올 때 그것은 성공의 길을 따르는 것이다. 뚫고 나오는 것이 곧 성공하는 것이다. 그리고 뚫고 나오기 위한 유일한 방법은 기름진 토양을 이용하는 일이다.

우리는 겸손에 기반과 뿌리를 둠으로써 성공의 씨앗을 심는 것이다. 성공 없이는 진정한 겸손이 없고, 겸손 없이는 진정한 성공이 없다.

나는 그날 오후를 기억한다. 아서가 무심결에 나에게 겸손에 대해 가르쳐 주고 자기 계발의 여행을 시작하기에 너무 늦은 때는 없다는 것을 강조한 그날을.

그날 나는 예정된 단어 수업 시간에 조금 늦은 상태였다. 마침내 퇴직자 전용 아파트에 도착해 아서의 원룸으로 이어진 복도를 걸어가는데, 아서가 복도에 의자를 내다 놓고 앉아 나를 기다리고 있었다. 그는 한 권의 책을 읽고 있었다. 책을 덮을 때 보니 제목이 『주문에 걸리다 Spellbound』였다. 겉표지만 보면 눈길을 끄는 제목으로 미스터리물이거나 서스펜스 스릴러 종류의 책인 것 같았다(실제로 알프레드 히치콕 감독의 미스터리 영화 〈스펠바운드〉가 있음). 그런 다음 나는 책 표지에 적힌 부제목을 보게 되었는데, 그것은 다음과 같았다.

'영어 철자법Spelling의 뜻밖의 기원과 놀라운 비밀들'.

내가 지금까지 만난 최고의 어원학자, 타의 추종을 불허하는 단어의 대가가 90대의 나이임에도 여전히 철자법에 관한 책을 읽고 있었다. 이 교수는 언제나 그러했고 앞으로도 그러하겠지만 자기 자신이 먼저 학생이 된다.

나는 그의 '사무실'처럼 사용되는 방 한 구석에 있는 안락의자로 걸어가면서 왜 하필 그런 책을 골라 읽느냐며 농담을 건넸다. 아서는 한 순간도 주저하지 않고 대답했다.

"대가가 되려면 평생 추구해야 합니다."

그는 '대가'라는 단어에 대해 말을 이어 나갔고, 오직 그만이 할 수 있는 방식으로 그 단어의 초기 쓰임새를 설명했다. 그렇게 함으로써 그 단어에 생명을 불어넣었다. 그는 일상에서 흔히 사용하는 쉽게 알 수 있는 단어들을 선택해 시간의 층에 의해 희미해진 본래의 뜻을 밝혀내는 놀라운 재능이 있었다.

대가는 하루아침에 되는 것이 아니라고 그는 설명했다. 과정이 있다고 했다. 먼저 반드시 도제가 되어야 하고, 그다음 남 밑에서 일하는 기능인이 되어야 하며, 마지막에야 비로소 대가가 된다고 했다.

도제, 기능인, 대가. 이 세 단어는 진정한 리더십에 어울리는 겸손함을 얻기 위해 기본적이고 필수적인 단계를 거치는 것의 중요성을 설명해 준다.

아서는 마치 고대의 진실을 발설하려는 사람처럼 무척 상기되었다. 그가 물었다.

"도제apprentice가 '배우는 사람'을 의미한다는 것을 알고 있습니까?"

그런 다음 그는 도제는 '배우다'라는 의미의 프랑스어 '아퐁더 apprendre'에서 왔다고 가르쳐 주었다.

예전에 도제는 자신의 천직에 필요한 기술을 가르쳐 줄 대가를 마을에서 찾는 사람을 이르는 말이었다. 마을의 대가로부터 모든 것을 전수 받은 다음, 도제는 배움의 범위를 넓히기 위해 다른 지역으로 떠난다. 그런 여행을 위해 나아가는 것은 도제를 기능인으로 변화시켰다. 기능인은 자신의 기술을 더 연마시켜 줄 최고의 대가 아래서 배우는 특권을 얻기 위해 종종 먼 길을 가는 것도 마다하지 않는다. 시간이 지남에 따라, 기능인은 마침내 대가가 되어 그 순환을 처음부터 다시 시작하는 자리에 이른다.

아서가 지적했다.

"하지만 대가는 결코 배우기를 멈추지 않습니다. 그가 아무리 많은 기능인을 가르친다 해도, 진정한 대가는 죽는 날까지 끊임없이 자신의 기량을 키우고 넓힙니다."

지금 나와 대화를 나누고 있는 이 대가보다 더 본보기가 되는 대가는 없을 것이다. 아서는 대학에서 정교수이자 언어학과 학과

장으로 재직할 때 안식년을 가지면서 조지타운 대학교에 학생으로 등록한 적이 있었다. 그곳에서 그는 유명한 가톨릭 예수회 신부에게 라틴어와 그리스어를 배웠다.

나와 단어 수업을 할 때, 아서는 마치 야구 선수가 홈런의 순간을 기억해 낼 때와 같은 말투로 감격에 젖어 그런 경험들을 이야기했다. 어느 여름, 노르웨이 여행 중에 그는 오슬로 대학교를 찾아가 노르웨이어 수업이 언제 있는지 물었다고 했다. 그들은 아침에는 초급반, 오후에는 중급반, 저녁에는 고급반이 있다고 알려주었다. 아서는 "좋아요, 세 가지를 전부 듣겠습니다."라고 대답했다. 놀랍게도 그는 여행에서 돌아오고 나서 얼마 후에 노르웨이어 교재를 쓰고 출간했다.

지식에 대한 그의 해소되지 않는 갈증은 인생의 겨울 같은 시기에도 그를 성장하게 만들었다. 아서는 '대가'라는 단어의 의미를 완벽하게 보여 주는 본보기이며, 나는 그의 '도제'가 된 것이 얼마나 큰 행운인가 자주 되돌아본다.

아서가 가르쳐 준 단어들은 내가 프랭클린 사에서 영업 및 교육 부서의 책임자로 일하고 있을 당시에 우리 부서에서 실시한 연구를 생각나게 했다. 우리는 회사의 최고 실적자들, 즉 해마다 수십 만 달러의 수익을 내는 사람들과 그것의 10분의 1밖에 벌지 못하는 사람들과의 차이가 무엇인지 알고 싶었다. 무엇이 그들을 특별하게 만든 것일까? 무엇이 그들을 돋보이게 만든 것일까? 고소득을 얻는 판매 전문가와 최저 소득자를 구분 짓는 것은 무엇일까?

우리는 그 차이를 알아내기 위해 외부 컨설팅 회사에 의뢰했다. 몇 시간에 걸친 면담과 몇 주의 조사가 끝나고 나서 자문단은 그들이 발견한 것을 한 문장으로 요약했다.

'고소득자는 배우는 사람이다 earners are learners.'

한 명의 예외도 없이, 우리 회사의 최고 실적자들은 열정적으로 배우는 일에 충실한 사람들이었다. 그들은 끊임없이 새로운 정보를 얻고 그것을 이용했다. 우리는 그들 각자가 일 년에 스무 권이 넘는 책을 읽는다는 사실을 발견했다. 그들은 다양한 주제들에 대해, 특히 고객들의 요구를 파악하기 위해 스스로 배우는 일에 멈춤이 없었다. 마치 그들이 고객 자신들보다도 고객들을 더 잘 아는 것 같았다.

최고의 영업인들은 회사의 제품들을 속속들이 알고 있었을 뿐 아니라 각 제품의 구체적인 특징과 장점도 잘 알았다. 그들은 자신의 분야에서 최고의 자리에 올라 있었고 회사의 모든 사람이 그들을 우러러보고 부러워했지만, 그들 중 어느 누구도 자신이 모든 것을 다 안다고 생각하지 않았다. 그들은 더 배워야 할 것을 끊임없이 찾는 겸손함을 보여 주면서 늘 새로운 차원의 경험과 전문 지식을 얻기를 열망했다.

나는 서비스 산업 분야에서 컨설턴트로 일할 당시에 노먼 브링커(베니건스를 창업한 외식업계의 대부)라는 사람을 알게 되었다. 그는 탁월한 레스토랑 경영자이면서도 억만장자임을 내세우지 않는 인물이었다. 겉모습만 보면 그가 막대한 부와 영향력을 소유하고 있음을 짐작하기 어려웠다. 거만하지도 냉담하지도 않았다. 어느 월요일 아침, 나는 댈러스에 있는 그의 집에 초대 받았다. 그래서 오후에 비행기를 타고 돌아오기 전에 그 집에서 함께 아침 식사를 했다.

나는 노먼에 대한 이야기를 알고 있었다. 그는 뉴멕시코 주 로즈웰에서 거의 무일푼으로 자랐다. 그의 첫 직업은 신문배달원이었다. 처음에는 자전거를 타고 신문을 배달하다가 나중에는 말을 탔고, 그가 맡은 배달 구역이 지방으로 넓어지면서 마침내는 자동차로 신문 배달을 했다. 어쨌든 그는 보잘것없는 출발에서 시작해 성취를 상징하는 삶으로 나아갔다. 그는 올림픽 승마 선수였으며 육상과 사격, 승마, 펜싱, 수영으로 이루어진 근대 5종 세계 선수권 대회에도 참가했다. 또한 그는 전설적인 자선가가 되었다. 사업가이자 패밀리 레스토랑 산업을 만든 선구자인 그를 능가할 사람은 거의 없었다.

노먼이 보여 준 삶의 열정은 언제나 나에게 많은 영감을 주었다. 그는 삶의 어느 단계에서든 적극적으로 뛰어들지 않은 적이 없었다.

그날 나는 위대한 인물 노먼 브링커에게 묻고 싶은 긴 질문 목록을 마음속에 하나씩 정리했다. 어떻게 하여 그는 외식 산업에 혁명을 일으켰는가? 어떻게 그는 몇 안 되는 레스토랑을 수십억 달러 규모의 브링커 인터내셔널 사로, 즉 칠리스, 로마노스 마카로니 그릴, 온 더 보더 멕시칸 그릴, 마지아노스 리틀 이탈리아와 같은 대중적인 체인 레스토랑의 본사로 발전시킬 수 있었을까? 어떻게 그렇게 활발하고 혁신적이고 시기적절한 기업 문화를 창조할 수 있었을까? 어떻게 그는 미국인들이 격식을 차리지 않는 레스토랑에 앉아 식사를 하는 것에 그토록 열광하리라는 것을 알았을까? 어떻게 그리고 왜 최초의 샐러드 바를 구상했을까? 어떻게 자신의 칠리스 레스토랑에서 석쇠에 구운 신선한 파히타(야채와 고기 등을 밀가루나 옥수수 가루로 만든 토르티야에 싸서 먹는 멕시코 요리)를 제공하게 되었을까?

그리고 어떻게 그는 세상에서 가장 성공적인 비영리 단체 중 하나인 수잔 G. 코멘 유방암 재단 설립을 위해 그토록 광범위한 기금 모금에 관여하게 됐을까?

하지만 나는 그 질문들을 할 수 없었다. 왜냐하면 노먼이 나에게 온갖 질문을 던졌기 때문이다. 그는 나의 삶에 대해, 나의 목표와 꿈에 대해, 그리고 나의 관심사와 성취에 대해 알고 싶어 했다. 그는 호기심 많은 아이처럼 캐물었다.

그와 가까운 친구들과 동료들은 그가 누구를 만나든 그렇게 대한다고 증언했다. 그는 결코 남 위에 군림하려 들거나 독단적이지 않았으며, 자기 자신보다는 다른 사람들에게 훨씬 더 관심이 많은 사람이었다. 말하기보다는 귀 기울여 듣는 사람이었다. 다른 사람의 사기를 북돋아 줌으로써 자신의 사기를 북돋웠다. 다른 사람을 발전시켜 줌으로써 자신도 발전했다.

그의 밑에서 일하면서 그의 겸손한 리더십을 경험한 십여 명의 임원들은 그와 필적할 만한 성공을 거두기 위해 그의 전례를 그대로 따랐다. 이 CEO들이 현재 이끌고 있는 기업들 몇 곳을 예로 들자면 칠리스(미국과 캐나다에만 1,400여 개에 이르는 패밀리 레스토랑), 아웃백 스테이크하우스(식당 내부를 호주 식으로 꾸민 패밀리 레스토랑 체인), P. F. 창스(퓨전 중식당), 부카 디 베포(이탈리언 레스토랑), T. G. I. 프라이데이스(63개 국에 천여 개가 넘는 세계 최대의 패밀리 레스토랑), 페이웨이 아시안 다이너(다양한 아시아 음식들을 합리적 가격에 제공하는 레스토랑) 같은 기업들이다. 그들에게는 한 가지 공통점이 있다. 그들은 모두 노먼 브링커의 삶이라는 비옥한 토양에서부터 비롯되었다는 것이다.

내 삶의 가장 위대한 스승 중 한 명은 스티븐 코비이다. 그는 내게 겸손은 '모든 덕목의 어머니'라고 가르쳐 준 사람이다. 그의 너그러움과 확고한 지지가 이 책이 탄생하는 데 중요한 역할을 했다. 그는 우리가 '겸손'이라고 부르는, 이 지구의 소중한 보석이 지닌 많은 측면을 직접 보여 주었다. 특별한 단어나 의미에 대해 그와 대화를 나누는 동안, 그가 "그 단어의 철자가 어떻게 되지요? 그 의미가 뭐라고 하셨죠? 그것이 어디에서 온 거지요?"라고 묻는 소리를 듣는 것은 이상한 일이 아니었다.

스티븐 코비는 이 시대 최고의 지도자 중 한 사람으로 널리 알려져 있지만, 그는 날마다 자기 계발과 자기 관리를 통해 삶을 더 높이 이끌어 가는 사람이다. 그의 집에 들어가면 연구실과 거실, 부엌, 심지어는 욕조 옆에도 가득 쌓인 책 더미를 쉽게 볼 수 있다. 종이로 된 이 이정표들이 날마다 한 권 이상의 책을 읽는 이 성실한 독서가에게 길을 알려준다. 이것은 프랭클린 사의 우리 영업팀이 실시한 연구 결과를 다시 한 번 입증한다. 독서가는 지도자이고readers are leaders, 지도자는 독서가이다leaders are readers.

〈타임〉 매거진이 선정한 '이 시대의 가장 영향력 있는 미국인 25명' 중 한 사람인 그는 영향력이 있는 사람이 먼저 영향을 받아야 한다는 법칙을 매일 따르고 있다. 우리에게 『성공하는 사람들의 7가지 습관 *The 7 Habits of Highly Effective People*』을 가르쳐 준 이 사람은 겸손이 자기 삶의 습관의 중심이 되게 했다.

'크레센도의 삶을 사는 것'은 스티븐 코비에게 단순한 좌우명 그 이상이다. 그는 지금 삶의 가을을 지나고 있지만 여전히 매일같이 강연하고, 가르치고, 배우며, 겸손을 실천한다. 그것은 그의 습관이다. 삶과 배움과 끊임없는 발전의 방식이다. 그것이 겸손이다. 그러므로 비옥한 땅을 일군 친구인 노먼 브링커가 자신의 직업적 성공은 스티븐 코비라는 큰 스승에게서 직접 배운 강력한 가르침들 덕분이라고 말한 것은 놀라운 일이 아니다.

가르치는 것은 보여 주는 것이다. 내가 모르는 것은 남에게 가르칠 수 없다. 내가 가지 않은 곳을 다른 사람에게 안내할 수 없다. 그리고 심지 않은 것은 거둘 수 없다.

앞에서 이야기했듯이 와이오밍 주 국립공원을 지나고 있던 나의 길에 제럴드 벨 박사가 뜻밖에 나타나게 되어 우리는 몇 차례 대화를 나누었고, 이를 통해 나는 겸손과 목표 설정 사이의 관련성을 배웠다. 그는 퇴직 간부들을 대상으로 철저히 조사를 했으며, 이것을 '4천 명 연구'라고 불렀다. 연구를 수행하고 완성하기까지 수천 시간이 걸렸다. 그 연구의 대상자들은 평균 나이가 70세였다. 자신의 삶을 다시 살 수 있다면 무엇을 다르게 행동할 것인가에 대한 질문에 그들은 삶에서 더 좋은 계획을 세우지 않은 것을 깊이 후회한다고 대답했다. 벨 박사가 들은 대답들은 다음과 같았다.

'나는 삶의 목표를 이루기 위해 노력하고 나만의 삶을 가질 것이다.'

'삶은 연습이 아니다. 삶은 실전 경기이다.'
'나는 목표를 세워 내 삶을 주도해 나갈 것이다.'
'자기 계발에 더 많은 시간을 보냈을 것이다.'
'나의 경력에 대한 계획을 더 잘 세울 것이다.'

계획을 세우기 위해서는 의지와 준비가 필요하다. 계획을 세우는 것은 씨앗을 심는 것과 같다To plan is to plant. 성장의 가능성을 얻으려면 반드시 씨앗을 먼저 심어야 한다. 많은 사람들이 갖고 있는 생각과는 달리, 먼저 계획을 세우고 그다음 그것을 추구하며 가치 있는 목표를 이루기 위해서는 진정한 겸손이 필요하다. 잘못된 겸손을 지닌 사람은 자신이 마땅히 누릴 자격이 있는 것을 얻지 못하고, 자신의 잠재력에 부응하지 못하며, 자신의 재능을 충분히 알지 못한다. 그들은 겸손과 정반대인 수치심을 견딜 뿐이다.

동양의 위대한 스승들은 '초심자의 마음'이라고 하는 예민함을 발달시켰다. 서양에서는 검은 띠가 보통 큰 성취와 연관되는 상징이지만, 무술 세계에서 검은 띠는 진정한 초심자를 나타낸다. 이 관점은 '초심'이라는 단어로 표현된다. '초심'은 열린 마음과 배우려는 절실한 자세를 상징한다. 선불교의 스승 스즈키 순류 선사는 설명한다.

"초심자의 마음에는 많은 가능성이 있지만 전문가의 마음에는 가능성이 거의 없다."

초심을 실천하는 사람들은 한 가지 주제를 공부할 때 선입견을 갖지 않겠다고 맹세한다. 심지어 상급 단계에서도 초심자처럼 그 주제에 접근한다.

초심을 키우기 위해서는 시간과 인내, 그리고 자신의 길에 나타나는 사람들의 말에 귀 기울이고 관찰하고 배우려는 자세가 필요하다. 빈에서 나에게 '겐샤이'라는 단어를 가르쳐 준 프라빈 체르쿠리는 외치듯 말했다.

"삶이란 마법 같지 않나요? 자신을 비어 있는 양동이라고 여기고 만나는 사람들을 모두 샘물로 여길 때, 그 흘러나오는 샘물 밑에 양동이를 두면 무슨 일이 일어나는지 보세요. 삶을 지속시키고 성장시켜 주는 모든 영양분들이 당신의 양동이로 흘러들 것입니다."

변화한다는 것은 고개를 숙이고 따르는 것이다. 한때 잠자고 있던 씨앗은 자신의 목적을 이루기 위해 땅을 뚫고 나오면서 구부러지고 꺾어지는 묘목으로 탈바꿈된다.

도전은 변화를 만들고, 변화는 성장의 계기가 된다. 목표를 세우는 것은 일부러 도전을 만드는 한 방법이다. 마치 물처럼 목표는 나를 유지시키는 힘을 가지고 있다. 잘 계획된 목표는 나에게 장애물을 받아들이고 통과하고 돌아가게 하는 힘을 준다.

능력과 재능은 목표 성취를 위한 연료가 되지만, 재능은 개발하지 않으면 위축된다. 이것이 위축의 법칙이다. 사용하지 않으면 잃는다. 위축은 쇠약해짐을 의미한다. 근육처럼 재능도 쓰지 않으면 약해진다. 도전받고 긴장될 때 근육은 더 강해진다.

이겨냄과 커짐, 변화와 성장, 전개와 발전. 이것이 겸손의 진정한 본질이다.

영국의 극작가 필립 매신저는 이렇게 가르쳤다.

"다른 사람을 다스리고자 하면 먼저 자기를 다스려라."

'영감을 주다'는 말의 어원은 '안으로 숨을 불어넣다'에 있다.
그리고 '용기를 주다'의 어원은 '심장에 무엇을 보태다'이다.
우리가 다른 사람에게 영감을 줄 때, 우리는 그들의 희망과 목표와
꿈에 숨을 불어넣는 것이다.

일곱번째 단어

영감 — 숨을 불어넣다

Inspire

누구나 삶에서 때로는 내면의 불꽃이 꺼진다. 그 불꽃은 다른 인간 존재와 만남에 의해 다시 타오른다.

_알버트 슈바이처

아트 버그가 자신의 휠체어를 직접 밀고 볼티모어 레이븐스 미식축구팀 훈련장으로 들어섰을 때, 그는 전혀 선수들에게 영감을 줄 수 있을 것 같지 않아 보였다.

2000년 늦여름이었다. NFL(전미 미식축구 리그)의 팀원들은 하루에 두 번씩 훈련 중이었다. 치열한 정규 시즌에 대비해 매일 오전과 오후에 실시하는 극도로 힘든 훈련 캠프의 일부였다.

아트는 당시 레이븐스 팀의 수석 코치였던 브라이언 빌릭으로부터 아침 훈련 시작 전에 팀원들에게 강연을 해 달라는 부탁을 받았다. 8시도 채 되지 않은 시각, 아트는 훈련장에 모인 덩치가 산만 한 선수들 앞에 자리를 잡았다. 선수들은 무릎과 발목에 얼음 팩과 압박 붕대를 감고서 접이식 의자에 구부정하게 앉아 각자 다양한 표정을 하고 있었다. 이른 아침 그 시각이면 그들은 말없이 몸짓만으로 대화했는데 그날도 무관심하기 그지없었다. 그들의 얼굴은 멍하니 그저 앞만을 바라볼 뿐이었다. 이런 운동선수들은 어린 시절부터 자신들의 신체적 재능을 더욱 발휘하도록 동기를 불어넣는 강연들을 많이 들어온 터였다. 그런데 휠체어에 앉아 있는 이 남자가 이제껏 그들이 듣지 못한 어떤 이야기를 해 줄 수 있겠는가? 어떻게 그는 이 선수들이 이미 받아 온 영감보다 더 큰 영감을 줄 수 있을까?

아트는 선수들에게 자신의 이야기를 들려주었다. 자신을 전신마비 환자로 만든 사고를 당했을 때 결혼을 앞두고 있었다는 사실을. 병원에서 퇴원해 꿈에 그리던 여인과 결혼하기 위해 여러 해 동안 얼마나 필사적으로 도전하고, 고통받고, 좌절과 싸워 나갔는가를. 팔다리를 사용하지 않고 양치질이나 신발 신기 같은 인간의 가장 기본적인 활동들을 하는 법을 어떻게 다시 배워야 했는가를. 그리고 좌절과 실망을 어떻게 견뎌 냈고, 전에는 존재조차 몰랐던 인내심을 키웠는가를.

사고를 당했을 때 그는 스물한 살이었고, 여기 대부분의 선수들보다 많이 어린 나이가 아니었다. 그는 차를 타고 네바다 사막을 지나고 있었는데 빠른 속도로 달리던 그 차가 갑자기 전복되어 몇 차례 구르는 대형 사고가 일어났다. 차가 구를 때마다 그가 알던 건강하고 강인하던 육체의 삶이 사라졌다. 병원에서 깨어났을 때는 눈꺼풀만 움직이는 것이 그가 움직일 수 있는 전부였다. 그는 한 번에 1센티미터 정도를 기어가기 위해 온 힘을 다해야만 했다. 휠체어에 탈 수 있게 되기까지만도 몇 달이 걸렸고, 휠체어를 타고 앞으로 조금이라도 나아가는 데는 그보다 더 여러 달이 걸렸다.

가장 어두운 시기가 되었을 때 그는 영국 시인 윌리엄 어니스트 헨리의 시를 읽었다고 했다. 그 시는 그의 마음속에서 끊임없이 속삭이는, 자신이 모든 것을 잃었다고 장담하는 불운의 목소리를 잠재워 주었다.

〈인빅투스Invictus(굴하지 않는다)〉라는 그 시에는 다음의 구절이 있다.

> 상관하지 않으리라, 문이 아무리 좁고
> 온갖 형벌이 나를 기다릴지라도
> 나는 내 운명의 주인
> 내 영혼의 선장

그날 아침 아트 버그는 다음과 같이 말하며 선수들의 도전 의식을 일깨웠다.

"어떤 것을 이루고 싶은지 결정하는 것은 여러분에게 달려 있습니다. 여러분 바로 자신에게."

사고 후 온몸이 부러지고 구부러진 채로 병원에서 눈을 떴을 때 그는 아무것도 할 수 없다는 숱한 이유들에 둘러싸여 있었다. 그러나 그의 목표는 자신이 할 수 있는 모든 일들에서 승리자가 되는 것이었다.

그렇게 해서 마침내 그는 독립적으로 움직일 수 있게 되었다. 자신이 사랑하는 여성과 결혼도 할 수 있었다. 가정도 가질 수 있었다. 자기 차를 운전할 수 있었고, 자신의 삶을 꾸려나갈 수 있었다. 다른 사람들에게 도움과 영감을 주는 책도 쓸 수 있었다. 세상에서 가장 영감을 주는 강연자 중 한 사람이 될 수 있었고, 뛰어난 재능을 지닌 운동선수들에게 그들이 원하는 것은 무엇이든 할 수 있음을 일깨우는 위치에 설 수 있었다. 그는 그렇게 할 수 있었고, 또 그렇게 했다.

그 레이븐스 팀은 그저 평범한 결과를 내며 지난 시즌을 마쳤고, 이번 시즌도 별반 다르지 않을 것이라고 예상할 수 있는 많은 이유들이 있었다. 선수들의 부상과 인원 문제, 그리고 탁월한 실력을 가진 다른 팀들. 하지만 그렇다고 그것이 자신들의 팀에 대한 다른 사람들의 평가 결과를 그대로 받아들여야 한다는 의미는 아니었다. 승리하지 못할 모든 이유들을 절대로 극복할 수 없다는 의미가 아니었다.

아트 버그는 선수들에게 '인빅투스'라는 말은 정복당하지 않는다, 제압당하지 않는다, 아무도 꺾을 수 없다는 의미의 라틴어라고 설명했다. 아트는 강조했다.

"만일 여러분의 목표가 슈퍼볼(미국에서 매년 초에 열리는 프로미식축구 챔피언 결정전)에서 우승해 최강의 미식축구팀으로 우뚝 서는 것이라면, 여러분이 그 운명의 주인입니다."

선수들이 침묵을 지키며 줄지어 훈련하러 나갔기 때문에 아트는 자신의 메시지가 제대로 전달되었는지 확신할 수 없었다. 팀의 구단주는 아트에게 집으로 돌아가는 비행기를 타기 전까지 그곳에 있으면서 시즌 전에 열리는 시범경기를 보고 가라고 요청했다. 레이븐스 팀은 큰 점수 차로 지고 있었다. 구단주가 아트 쪽을 돌아보며 말했다.

"만약 우리 팀이 어떻게든 다시 살아나면 나는 전광판에 '인빅투스'라고 적을 겁니다."

레이븐스 팀은 다시 전열을 가다듬어 상대팀을 깊이 파고들면서 공격했고 그 경기에서 승리했다. 그들은 그 후 자신들의 구호가 된 '인빅투스'를 외치며 첫 여섯 경기 중 다섯 경기에서 승리를 거두며 정규 시즌을 시작했다.

그러나 그다음에 선수들은 집중력을 잃고 연속으로 세 경기에서 패했다. 그러자 레이븐스 팀은 아트 버그에게 구조 신호를 보냈다. 빌릭 감독이 아트에게 물었다.

"우리 팀으로 다시 와서 강연을 해줄 수 있는지요."

아트는 자신의 휠체어와 함께 비행기에 올라 볼티모어로 왔고, 전의 훈련 캠프에서보다 훨씬 더 그를 환영하는 청중을 만났다. 선수들은 아트의 강연을 듣기를 기대하며 아트 앞에 모여 있었다. 지난번에는 아트가 전하는 격려의 메시지를 단지 듣기만 했지만 이번에는 확실히 경청하고 있었다.

아트는 그들에게 '인빅투스'의 힘을 상기시켰다. 그는 자신의 성공의 열쇠가 된 말을 강조했다.

"여러분들은 비평가들의 말에 귀 기울이지 마십시오. 자신이 목표에 도달할 수 없는 온갖 이유들에 전혀 신경 쓸 필요가 없습니다. 약점이 아닌 강점에 집중하십시오. 이것이 여러분들의 소명입니다. 정복당하지 말고, 제압당하지 말고, 천하무적이 되십시오. 인빅투스!"

그 후, 볼티모어 레이븐스 팀은 남은 시즌 경기에서 모두 승리했으며, 플레이오프(정규 리그가 끝난 뒤에 최종 우승 팀을 가리기 위해 벌이는 경기)에서도 여전히 정복당하지 않았다. 슈퍼볼 경기장의 열기가 가라앉은 뒤 전광판에 표시된 점수는 볼티모어 34점, 뉴욕 7점이었다. 시즌이 시작되었을 당시의 낮은 가능성과 헤아릴 수 없이 많은 비판과 선수들 개인의 의구심에도 불구하고 볼티모어 레이븐스 팀은 미식축구계의 챔피언이 되었다.

슈퍼볼 우승 이후 아트는 다시 볼티모어로 호출되었지만 이번에는 강연자로서가 아니었다. 그것은 팀의 우승을 축하하는 자리였으며 선수들은 아트에게 주고 싶은 것이 있었다. 아트 자신을 위한 슈퍼볼 우승 기념 반지였다. 팔과 다리를 움직일 수 없지만 그들이 우승하도록 영감을 불어넣어 준 이 사람이 바로 그들의 MVP였다. 그것을 증명하기 위해 그들은 우승 기념 반지 안쪽과 바깥쪽에 한 단어를 새겼다.

'INVICTUS'.

나는 아트 버그가 사고로 전신마비 판정을 받은 얼마 후에 그를 만났었다. 나는 그가 자신의 손길이 닿는 모든 것과 모든 사람에게 긍정적인 영향을 주는 챔피언으로 자신을 변화시키는 과정을 지켜보았다.

4장에서 소개한 이야기의 주인공인 채드 하이머스라는 청년에게 영감을 주어 몸의 마비를 극복하고 개인적 목표를 이루게 한 장본인이 바로 아트 버그였다. 채드의 팔과 다리의 기능을 앗아간 비극적인 사고가 일어나기 두 달 전, 아트는 텍사스 주에서 열린 비즈니스 총회에서 강연을 했는데 청중 속에 채드의 아버지 켈리 하이머스가 있었다. 켈리는 아트가 전달하는 메시지에 큰 감동을 받아 집으로 돌아가는 비행기를 타기 전에 아트가 쓴 책을 한 권 샀다.

영감 155

채드가 사지마비된 상태로 병원에서 깨어났을 때 켈리는 아트의 저서 『불가능은 단지 시간이 조금 더 걸리는 것일 뿐 *The Impossible Just Takes a Little Longer*』을 채드의 침대 맡에 놓아두었다. 그 책을 읽은 뒤 채드는 아트에게 편지를 써서 자신이 입원한 병원을 방문해 줄 수 있는지 물었다. 며칠 후, 예고도 없이 자신의 휠체어를 굴리며 채드와 그 밖의 전신마비 환자들이 있는 병동에 아트 버그가 나타났다.

아트는 아무 말 없이 휠체어에서 침대로 몸을 훌쩍 옮기더니 아침마다 전신마비 환자인 자신이 옷 입는 법을 직접 보여 주었다. 지켜보는 이들이 상상도 하지 못했고 짐작도 하지 못했던 신체 부위와 팔과 턱을 이용해서 그는 사람들 앞에서 옷을 벗었다가 다시 입었다. 믿을 수 없는 속도였다. 그가 전하는 메시지는 이것이었다. 당신도 이렇게 할 수 있다!

채드는 그 순간을 회상하며 경탄했다.

"정말 깜짝 놀랐어요. 아트는 예고 없이 불쑥 나타나더니 우리 모두가 불가능하다고 생각했던 일들을 하기 시작했어요."

그 순간부터 채드는 세상을 다르게 보았다. 더 밝고 더 빛나는 곳으로. 갑자기 미래가 다시금 끝없는 가능성들로 희망차게 보였다. 자신과 전혀 다를 바 없는 상황 속에서 살아가면서 자신과 똑같이 무거운 장애와 제약에 직면한 한 남자가 채드에게 새로운 삶의 지평을 보여 준 것이다. 자신은 그것이 존재하는지조차 알지 못했던 지평을.

아트 버그는 채드 하이머스를 만나고 얼마 지나지 않아 세상을 떠났다. 마비된 몸의 기능을 유지하기 위해 필요했던 약물 치료의 부작용으로 일어난 합병증 때문이었다. 아트의 삶을 추모하며, 채드는 자신의 멘토였던 아트와 같은 본보기가 되기 위해 자신이 할 수 있는 모든 일을 하리라 마음먹었다. 그리고 아트가 자신에게 도움을 주고 감동을 주었던 것처럼 자신도 다른 사람들에게 도움을 주고 감동을 주기로 결심했다.

채드가 자신의 핸드바이크를 굴려 800킬로미터를 여행했을 때 그가 깬 기록은 다름 아닌 아트 버그가 세운 500킬로미터 기록이었다. 채드는 자기 스스로 이동하기 위해 아트가 개조해서 만든 밴을 구입했다. 그리고 아트가 가족을 부양하기 위해 선택했던 방법을 따라 채드도 대중 강연자가 되기 위해 지칠 줄 모르고 노력했다.

몇 년간 명성을 쌓고 나자 전미강연자협회에서 채드 하이머스에게 '공인된 강연 전문가' 자격을 수여했다. 아트 버그를 포함해 미국 최고의 몇몇 강연자에게만 주는 자격이었다.

채드는 강연을 하러 가는 곳마다 자신의 멘토에게 그 영광을 돌렸다. '동기 부여' 강연자로 불릴 때마다 그는 곧바로 그런 호칭을 정정한다. 그는 이렇게 말한다.

"나는 영감을 주는 강연자입니다."

그리고 그는 정말로 최고의 스승에게 가르침을 받은 사람이기도 하다.

아서는 숨을 깊이 들이마시더니 그대로 멈추었다. 숨을 언제까지 참고 있으려나 했는데 다행히 그가 숨을 내쉬고 정상적으로 호흡하자 나는 안심이 되었다.

그는 내게 라틴어 '인스피라레inspirare'에 어원을 둔 '영감을 주다inspire'라는 단어의 의미를 가르쳐 주고자 했던 것이다. '스피라레spirare'는 '숨을 쉬다'라는 뜻이며 '인in'은 '안으로'를 의미한다. 다시 말해, '영감을 주다'는 안으로 숨을 불어넣는다는 의미이다.

단어의 대가가 설명했다. 우리가 다른 사람에게 생명을 불어넣을 때 우리는 그들의 희망과 목표와 꿈에 숨을 불어넣는 것이라고. 창조주가 우리의 영혼에 처음 생기를 불어넣은 것처럼 우리는 다른 사람들에게 생명을 불어넣는 것이다.

그러나 우리가 다른 사람으로부터 숨을 빼앗을 때, 우리는 그들의 희망과 목표와 꿈을 사라지게 한다.

그러므로 우리는 다른 사람에게 생명을 불어넣을 수도 있고 생명을 빼앗을 수도 있다. 즉 영감을 줄 수도 있고 영감이 사라지게 할 수도 있다. 선택은 우리에게 달려 있다.

나는 단어에 생명을 불어넣는 아서의 능력과 아서에게 생명을 불어넣는 단어의 능력에 끊임없이 놀랐다. 아서는 언제나 자신이 좋아하는 의자에 편안하게 앉아서 평화롭게 휴식하면서 우리의 오후 수업을 시작했다. 내가 '영감을 주다inspire'라는 단어를 말하자 그는 곧바로 생기를 띠면서 그 단어의 정의를 몸으로 표현하려는 듯 손과 팔을 흔들었다. 에너지와 열정 가득한 모습 그 자체였다.

아서는 나를 위해 직접 숨까지 참아 가면서 '영감을 주다'라는 단어의 의미를 설명한 뒤, 그것과 관련된 단어로 주제를 옮겨 갔다. 그 단어는 '용기를 주다encourage'였다. 그는 자신의 심장을 손으로 가리키면서 로망스어(라틴어에서 유래한 포르투갈어, 스페인어, 프랑스어, 이탈리아어 등을 이르는 말)에서 '쾨르coeur'는 '심장'을 의미한다고 설명했다. 당신이 누군가에게 '용기를 줄' 때 당신은 그 사람의 심장에 무엇을 보태는 것이다. 당신이 누군가를 '좌절시킬discourage' 때 당신은 그 사람의 심장에서 무엇을 떼어 내는 것이다.

영감을 불러일으키고 용기를 주는 사람은 가치를 더해 주는 사람appreciator이라고 생각할 수 있다고 아서는 설명했다. 반면, 영감을 사라지게 하고 좌절시키는 사람은 가치를 낮추는 사람depreciator이다.

아서는 '가치를 인정하다appreciate'처럼 '업ap'으로 시작되는 단어들을 언급했는데, 예를 들면 '승인하다approve', '적용하다

apply', '박수치다applaud'가 그것으로, '업'은 일반적으로 '위up' 또는 '향하다'라는 의미를 갖고 있다. '디de'로 시작하는 단어들은 예를 들면 '가치를 떨어뜨리다depreciate', '파괴하다destroy', '폄하하다denigrate', '비하하다degrade'이며 '디'는 '아래down' 또는 '떨어져서'라는 뜻이다. 자기 자신뿐 아니라 다른 사람들의 재능과 능력의 가치를 아는 사람은 위쪽으로 나선형을 그리며 모든 것을 끌어 올리는 원을 만든다. 반면, 똑같은 재능과 능력의 가치를 낮게 떨어뜨리는 사람은 그 나선형의 방향을 아래쪽으로 향하도록 만든다.

우리는 인간과의 모든 만남에서 그들의 심장에 무엇을 보태거나 그들 심장의 일부를 떼어 내는 엄청난 기회를 갖는다. 말은 인간 사이의 소통 수단이다. 적합한 단어를 사용하는 능력은 우리에게 큰 힘과 영향을 줄 수 있다.

미국 시인 마야 안젤루가 말했다.

"나는 알게 되었다. 사람들은 당신이 한 말을 잊을 것이고 당신이 한 행동도 잊을 것이지만, 당신이 그들에게 어떻게 느끼게 했는가는 결코 잊지 못한다는 것을."

웨인 다이어(미국의 유명한 심리학자이자 자기 계발 작가)는 자신의 베스트셀러 『의도의 힘The Power of Intention』에서 친절이 인간의 몸에 미치는 영향에 대해 썼다. 인간의 뇌 활동을 연구한 과학자들은 사람들이 남에게 친절을 베풀 때 뇌에서 세로토닌의 양이 증가한다는 것을 발견했다. 세로토닌은 뇌에서 생성되어 기분을 좋게 만드는 화학 물질이며, 항우울제에 흔히 사용되는 성분이다. 과학자들이 발견한 것은 이것이 전부가 아니었다. 그 친절한 행동을 받은 사람들을 검사해 보니 친절을 베푼 사람들과 똑같은 양의 세로토닌이 분비되었다. 심지어 친절한 행동을 바라보는 것만으로도 같은 양의 세로토닌이 생성된다는 것이 추가로 밝혀졌다.

영감을 주는 환경은 전염성이 있다. 차가움으로부터 따뜻함으로 옮겨 가는 것보다 더 행복한 것은 없다. 다른 사람을 격려하고 칭찬할 때 그것은 그 사람을 차가움에서 데리고 나와 따뜻한 '칭찬의 옷'을 입혀 주는 것과 같다.

내 머릿속에서 잊히지 않는 장면이 하나 있다. 어느 날 밤늦게 나는 태평양 해변에 펼쳐진 도헤니 주립 공원에서 자전거를 타고 있었다. 그곳에는 사람들을 위해 소풍용 의자와 모닥불 통이 비치되어 있었는데, 그중 한 곳에서 어느 가족이 모여 어린 남자 아이의 생일을 축하해 주고 있었다. 피어오르는 모닥불이 둥글게 서 있는 열 두세 명의 가족들 얼굴을 환하게 비추었다. 그들 중앙에는 촛불로 장식된 생일 케이크가 놓여 있었다. 자연스레 내 시선은 모두의 관심과 애정이 집중되어 있는 주인공 소년에게로 옮겨 갔다. 소년의 얼굴은 마치 케이크 위의 촛불처럼, 모닥불 속의 잉걸불처럼 빛을 발하고 있었다. 누가 봐도 분명한 광경이었다. 그것은 순수와 전적인 기쁨과 지지의 장면이었다. 나는 페달을 밟고 가며 계속 그쪽을 뒤돌아보았다. 마치 내가 그 생일 축하 파티의 일원이 되어 모닥불 둘레에 서 있는 것처럼 나의 마음도 훈훈해졌다.

'칭찬하다praise'라는 단어는 '값price' 또는 '가치value'를 뜻하는 고대 프랑스어 '프리제preiser'에서 파생된 말이다. 다른 사람을 칭찬할 때 우리는 그 사람에게, 그리고 그 사람의 삶과 꿈에 가치를 더하는 것이다. 그의 노력과 목표에 큰 값을 매기는 것이다. 미국의 대학교에서는 최우등으로 졸업하는 사람들에게 상을 수여한다. 그중 '마그나 쿰 라우데'는 '커다란 칭찬을 담아'라는 뜻이고 '숨마 쿰 라우데'는 '최고의 칭찬을 담아'라는 뜻이다. 그러한 칭찬의 옷을 입은 졸업생들은 가치 있는 존재가 된 기분으로 학교를 떠난다.

에모토 마사루(일본의 의학 연구가)는 신기원을 이룬 자신의 저서 『물은 답을 알고 있다 The Hidden Messages in Water』에서 물에 긍정적인 생각과 단어를 말하면 물이 아름다운 결정체를 만들고, 부정적인 생각과 단어를 말하면 일그러진 결정체를 만든다는 이론을 내놓았다. 고속 촬영 기법을 이용해 에모토 마사루는 물에게 보여 주는 단어나 들려주는 말의 성질에 따라 물의 결정체가 어떻게 바뀌는가를 보여 주었다.

반세기 전 나폴레온 힐은 시대를 초월한 원리인 '모든 사고는 그것과 동일한 물리적 형태의 옷을 입으려는 성향이 있다.'라는 가르침을 전했다.

어렸을 때 우리는 '막대기와 돌은 내 뼈를 부러뜨릴 수 있지만 말은 결코 나를 해칠 수 없다.'라고 배웠다. 하지만 그것은 사실이 아니다. 막대기와 돌은 뼈를 부러뜨릴 수 있지만, 말은 마음을 다치게 할 수 있다.

좋은 말이든 나쁜 말이든 말은 엄청난 힘을 지니고 있다. 영감을 줄 수도 있고 꺼뜨릴 수도 있다. 선택은 우리의 몫이다. 우리는 치유할 것인지 상처를 줄 것인지, 긍정할 것인지 거절할 것인지, 영감을 줄 것인지 꺼뜨릴 것인지, 칭찬할 것인지 비난할 것인지, 가치를 알아줄 것인지 가치를 깎아내릴 것인지, 용기를 줄 것인지 좌절시킬 것인지, 강점에 집중할 것인지 약점에 집중할 것인지 선택할 수 있다.

인간의 정신을 높이는 단어와 언어를 사용하는 것은 사고의 새로운 패러다임을 창조한다. 우리의 정신은 '내가 무엇을 얻을 수 있지?'에서 '내가 무엇을 줄 수 있지?'로 옮겨간다.

우리의 몸은 생명 유지를 위해 서로 연결되어 있으며 그 모든 것은 심장으로부터 출발한다. 인간의 심혈관계를 구성하는 동맥과 정맥과 모세혈관의 거대한 연결망을 한 줄로 세울 수 있다면, 그 길이가 십만 킬로미터 정도로 지구를 두 번 이상 두르고도 남는 거리이다. 게다가 심장은 하나의 적혈구 세포가 몸 전체를 20초 내에 순환하도록 하는 능력을 가지고 있다. 이 활동이 더 많아지면 더 튼튼한 심장이 된다. 운동선수의 심장은 평균 크기의 심장보다 70퍼센트 이상 더 커질 수 있다. 정반대로 운동 부족은 심장 근육을 수축시킨다.

하지만 심장의 역할은 박동하는 것 그 이상이다. 심장은 건강의 열쇠이며, 우리의 깊은 감정과 고귀한 열망이 자리하고 있는 곳이다. 심장은 중세시대에 문학의 중심에 있었다. 시대마다 소설가, 극작가, 시인, 작곡가들은 심장에 대한 자신만의 단어들을 창조했다. '무정한heartless', '마음이 넓은bighearted', '냉담한coldhearted', '진심어린heartfelt', '온 마음을 다해with all your heart'와 같은 단어와 구절은 강한 심상을 이끌어 낸다.

고대 이집트에서는 심장을 인간의 씨앗으로 보았다. 유대교에서는 심장을 영혼의 사원, 지혜의 자리로 보았다. 기독교에서 심장은 사랑과 자비의 상징이다.

우리 가족은 첫 손녀 테일러가 태어난 직후 '용기를 주다'의 의미가 '누군가의 심장에 무엇을 보태는 것'임을 실제 경험을 통해 깊이 이해하게 되었다. 겉으로 보기에 테일러는 아무 문제없이 건강한 여자 아기였다. 하지만 태어난 다음 날 의사들은 아이의 심장이 선천적으로 기형이라는 사실을 발견했다. 몇 시간에 걸친 검사가 이어졌고, 새로 태어난 이 작은 기적 같은 아이에게 팔로증후군(선천성 심장병의 일종으로 팔로 4징후라고도 함. 폐동맥 협착, 심실중격결손, 대동맥기승, 우심실 비대의 네 가지 심장 기형)이라는 진단이 내려졌다. 이것은 아기들의 청색증(산소 부족으로 인해 몸이 파랗게 되는 것)을 일으키는 가장 흔한 원인이며, 치명적일 수도 있는 병이었다. 쉽게 말하면 테일러의 심장이 정상보다 컸다. 심실의 크기가 과도하게 큰 것 말고도 좌우 심실 사이의 아랫부분에 구멍이 나 있었고, 심장이 박동할 때마다 판막이 열리지 않고 닫혀 있었다. 그 결과 아이의 폐는 필요한 산소를 제대로 공급받을 수 없었다.

우리 가족은 그런 청천벽력 같은 소식을 들을 아무런 준비가 되어 있지 않았다. 테일러의 부모인 나의 딸과 사위는 둘 다 최고의 운동선수였다. 아이의 엄마인 큰딸 서머는 대학교 축구 선수였고, 아이의 아버지인 사위 브라이슨은 프로 사이클 선수였다. 콜로라도 주 스프링스에 있는 올림픽 훈련 센터에서 실시한 생리학적 검사 결과 브라이슨은 최고 점수를 받았다. 그토록 건강하고 타고난 호흡 기능을 가진 부모에게서 태어난 첫아이가 심장에 문제가 있다는 것은 도무지 있을 수 없는 일이었다. 그러나 어쨌든 아기에게는 문제가 있었다.

수술 날짜는 6개월 뒤로 잡혔다. 아이에게 어느 정도 힘이 생겨 수술로 인한 스트레스를 감당할 수 있게 하기 위해서였다. 수술 당일, 우리는 가족 모두가 테일러의 보호자라고 병원에 이야기했다. 부디 아이가 무사하기를 소망하는 단 하나의 바람만이 우리의 무거운 마음을 가득 채웠다. 젖소 무늬가 그려진 수술복을 입은 간호사의 팔에 안겨 아이가 수술실로 옮겨질 때 우리는 아이에게 미소를 지어 보이며 작별의 손을 흔들었다. 그 수술복은 심각한 상황을 감추려는 재미난 변장술 같았다. 테일러의 얼굴에 생겨난 미소가 그토록 작은 심장에 감추어진 문제들을 변장시킨 것처럼.

의사들은 수술이 두세 시간 정도 걸릴 것으로 예상했었다. 하지만 인공심폐장치에 생각하지 못한 말썽이 생겨 테일러의 몸이 부어올랐고, 수술 시간은 두세 시간에서 금세 두 배로 늘어났다. 몇 시간 동안 가슴을 졸이고 있는데, 수술을 막 끝낸 의사가 땀범벅이 된 채 대기실 안으로 천천히 걸어 들어왔다. 그는 만감이 교차하는 표정이었고, 힘든 고비를 넘긴 것처럼 보였다. 생명을 위협할 정도의 기계 문제 때문에 수술 시간이 매우 지체되었지만 결국 수술 팀이 기증받은 이첨판막(좌심방과 좌심실 사이에 있는 판막)을 위험에 처한 테일러의 심장에 달 수 있었다고 의사는 설명했다. 그들은 기증받은 판막을 일부 잘라 내어 테일러의 심장에 정교하게 갖다 댔고, 그런 다음 고어텍스 같은 조각을 심장 아래에 있는 구멍 위에 대고 꿰맸다고 했다. 수술 후 안도감을 느낀 의사는 이제 테일러가 그토록 필요로 했던 좋은 산소를 공급받을 수 있을 것이라고 말했다. 용기를 주는 이 말 덕분에 고통과 두려움과 사랑으로 부풀어 오른 아기 엄마 서머의 심장이 마침내 희망의 숨을 내쉴 수 있게 되었다.

테일러가 중환자 회복실로 옮겨졌을 때 우리는 우리가 보게 될 아이의 모습에 아무런 준비도 되어 있지 않았다. 이 예쁜 갓난아이는 몸이 풍선처럼 부풀어 올라 거의 알아볼 수 없는 지경이었다. 그 모습에 놀란 우리는 모두 벽 쪽으로 뒷걸음질 쳤다. 하지만 서머는 자신의 첫아이에게 달려가더니 아이가 나아질 때까지 단 한 발자국도 아이 곁을 떠나지 않았다. 그 모습을 지켜보면서 우리는 바로 직전에 일어난 일의 중요성을 깨닫게 되었다. 만약 아이의 심장에 판막을 이식하지 못했다면, 만약 이러한 수술 전문의들과 간호사들의 기술과 지식이 없었다면 그 아이는 결코 오래 살지 못했을 것이다.

우리의 보물과도 같은 테일러가 두 발로 뛰고 자전거를 타고 축구를 하는 모습을 지켜볼 때마다, 우리는 아이가 걷는 모든 걸음과 자전거를 돌리는 발과 공을 차는 모습에 감사한다. 가장 중요한 것은 그 아이가 우리와 함께 있고 우리의 삶을 무척 풍요롭게 해준다는 사실이며, 우리는 그것에 감사한다. 누군가의 심장에 무엇을 보태는 것, 누군가의 삶에 숨을 불어넣는 것이 실로 의미 있지 않은가? 우리는 그렇다는 것을 안다.

영감을 주는 것은 '숨을 불어넣는 것'이고, 용기를 주는 것은

'심장에 무엇을 보태는 것'이다.

어머니는 내게 나의 길에 나타나는 사람들에게 용기를 주고 영감을 주어야 한다고 늘 일깨워 주셨다. "그 사람들이 너를 만나게 되어 더 좋아지게 해라."라고 어머니는 가르치셨다.

어머니는 내가 예외 없이 모든 사람을 큰 존재로 대하기를 기대하셨다. 다른 사람을 작은 존재로 대하는 것은 어머니의 말을 거스르는 것이다.

프랑스의 철학자이자 가톨릭 예수회 신부였던 테야르 드 샤르댕은 가르쳤다.

"우리는 영적인 경험을 하는 인간 존재가 아니다. 우리는 인간의 경험을 하는 영적 존재이다."

나는 다른 사람의 영혼에 생명을 불어넣을 수 있다.

이런 말이 있다.

"친구란 그대 가슴의 노래를 아는 사람이며 그대가 가사를 잊어버렸을 때 그대에게 그 노래를 다시 불러 줄 수 있는 사람이다."

나는 내가 사랑하는 사람들이 큰 생각을 하고 큰 삶을 살아가도록 격려할 수 있다. 그들이 큰 꿈을 추구하고 자신의 특별한 재능을 발휘하도록 도전할 수 있게 할 수 있다.

달라이 라마는 가르쳤다.

"우리는 이 행성에 온 방문객입니다. 우리는 기껏해야 90년이나 100년 정도 이곳에 머물 수 있습니다. 그 기간 동안 우리는 살면서 무엇인가 좋은 일, 도움이 되는 일을 하기 위해 노력해야 합니다. 다른 사람들의 행복에 기여할 수 있다면 우리는 진정한 목표, 삶의 진정한 의미를 발견할 것입니다."

'공감'의 어원은 '다른 사람의 길을 걷는 것'의 의미이다.
다른 사람이 간 길을 걸어 보지 않는다면 그 사람이 경험한 것을
진정으로 이해할 수 없다. 산소가 몸으로 전해지는 것처럼
공감은 마음으로 전해진다. 목적으로 가득한 길은
혼자 여행하도록 되어 있지 않다.

여덟번째 단어

공감 – 다른 사람의 길을 걸어 보기
Empathy

다른 사람의 입장에 자신을 놓을 수 있는 것, 다른 사람이 보고 느끼는 것을 보고 느낄 수 있는 것, 그것은 귀중한 능력이다.

_ 마타 암리타난다마이

래리 홀은 6킬로그램 볼링공을 왼손에 들고서 볼링장 바닥에 표시된 삼각형 뒤에 서 있었다. 그는 5스텝 어프로치(볼링공 투구시 취하는 걸음걸이)에 대해 들어보기는커녕 볼링을 한 번도 쳐본 적이 없었다.

래리와 나는 우리 집에서 가까운 볼링장에 함께 있었다. 볼링을 제외하면 별로 특별할 것이 없는 평범한 토요일 아침이었다. 래리는 자신의 가족이 소유한 빌리지그린 트레일러 코트(트레일러 집에 사는 사람들이 거주하는 빈민촌) 지역의 관리자였고, 우리 가족은 그곳에 살고 있었다.

래리는 그 지역의 청소년들을 지도하는 자원봉사자이기도 했다. 내가 열일곱 살이었을 때 어느 날 래리가 내 관심사에 대해 물어서 우리는 친구가 되었다. 나는 볼링을 좋아한다고 말했고, 그러자 그가 말했다.

"그럼, 우리 볼링 한 판 치러 갈까?"

래리는 볼링장에 드나드는 편이 아닌 게 분명했다. 그는 프로 테니스 선수였고 지역 대학교의 테니스 코치였기 때문에 훌륭한 운동선수였을지는 모르지만, 볼링의 3스텝부터 5스텝은 전혀 알지 못했다. 그는 한 걸음 내딛고는 볼링공을 그만 자기 뒤로 떨어뜨렸다.

어릴 적, 나는 볼링장에서 거의 살다시피 했다. 나의 의붓아버지는 볼링 리그에 두 번이나 출전했고 어머니도 볼링을 칠 줄 알았다. 형도 볼링을 쳤다. 볼링은 우리 가족이 선택한 여가 활동이었다.

처음에 나는 래리도 볼링에 관심이 있다고 생각했었다. 그러나 그가 정말로 관심을 가진 것은 내가 삶에서 좋은 선택을 하도록 돕는 일이었다. 그는 청소년을 지도하는 자신의 역할을 진지하게 수행했다. 자신이 보호하는 우리 동네의 많은 청소년들에게 그는 친구 같은 사람이었다. 그는 트레일러 코트 주변에서 나를 지켜봐 왔다. 어디로 향하는지도 알지 못한 채 앞만 보고 달리고 있던 십대를. 그는 내 안의 가능성을 발견했고 내가 그 충만한 가능성을 알고 그것을 실현하도록 돕고 싶어 했다.

래리는 나에게 컨트리클럽(도시 사람을 위해 교외에 골프장, 테니스장 등을 갖춘 단체)으로 자기를 만나러 오라는 말을 하지 않았다. 그 대신, 트레일러 코트 서쪽에 사는 사람들이 토요일마다 시간을 보내는 장소까지 나를 찾아왔다. 나를 만나기 위해 자신이 직접 우리 동네까지 걸음한 것이다. 그는 신고 있던 테니스화를 벗고 볼링화를 신었다.

볼링을 치고 난 다음에 우리는 내 앞에 놓인 모든 가능성들과 선택들에 대해 이야기를 나누었다. 그렇게 해서 나와 아무 관계도 없던 래리 홀은 내 삶의 중요한 멘토가 되었다. 나는 이 테니스 코치가 정말로 나에게 마음을 써 준다는 것을 느낄 수 있었다. 그는 종종 나에게 "케빈, 너는 이 길로 갈 수도 있고 저 길로 갈 수도 있어."라고 말했고, 그런 다음 우리는 그러한 선택들의 의미와 그것이 가져올 미래에 대해 대화를 나누었다.

나보다 고작 몇 살밖에 많지 않았던 이 청년은 나의 삶에 긍정적인 영향을 미친 결정들로 나를 이끌어 주고 도와주었다. 그는 내가 학교 공부를 포기하지 않고 계속하도록 격려했다. 그리고 마약과 다른 것에 중독되지 않도록 조심할 것을 경고했다. 그는 훌륭한 멘토였고, 무엇보다도 이타적인 봉사의 역할 모델이었다. 만일 내가 살던 곳에서 그가 먼저 나를 발견하고 나의 길을 걸어가도록 관심을 기울이지 않았다면 우리의 관계는 발전하지 않았을 것이다.

그의 조언과 도움은 나의 길을 바꾸어 놓을 만큼 영향이 컸다.

그날 단어 수업 시간에 나는 아서가 흙과 관련된 단어들을 좋아한다는 것을 알게 되었다. 아서는 흙을 표현하는 단어들을 가장 좋아했다.

앞선 수업 시간들에서 그는 '길을 발견하는 사람'과 '겸손'과 같은 단어들을 내게 가르쳐 주었다. '길을 발견하는 사람'은 다른 사람들이 사냥할 장소와 이동할 장소를 찾기 위해 땅바닥까지 몸을 낮추는 지도자를 의미한다. '겸손'은 후무스에서 유래한 것으로, 후무스는 작물의 건강한 성장과 발전을 촉진하는 검고 기름진 유기질 토양이다.

오늘의 단어인 '공감empathy' 역시 흙에서 비롯된 또 다른 단어라고 아서가 설명했다. '퍼씨pathy'는 '길path'에서 왔고 '엠em'은 '안'이라는 뜻이다. 공감은 '다른 사람의 길을 걷는 것'이다. 만일 다른 사람의 길에 들어가지 않는다면, 다른 사람이 간 길을 걸어 보지 않는다면 그 사람이 경험하는 것을 진정으로 이해할 수 없다.

그는 더 나아가 '공감'과 사촌 관계에 있는 단어 '의사소통communication' 역시 흙과 관련이 있다고 가르쳐 주었다. 그 단어는 '공동으로 나누다'라는 의미를 가진 라틴어 '코무니카레 communicare'에서 유래했다. 공동으로 나누려면 같은 땅 위에 함께 모여 있어야만 한다.

아서는 일단의 대학생들과 함께 이탈리아를 방문했을 때의 일을 나에게 들려주었다. 그가 자신이 가르치는 대학교에 해외 연수 프로그램을 만든 직후의 일이었다. 그들은 이탈리아의 시골 지역을 여행하고 있었는데 그들이 탄 버스가 고장이 나서 시간이 오래 지체되었다. 바누베코라는 마을 근처에서 일어난 일로, 그곳은 아서가 잘 알고 있는 지역이었다. 2차 세계대전 때 연합군이 독일군의 통신 암호를 해독하는 것을 돕기 위해 아서가 배치되었던 곳이다.

드디어 버스가 수리되자 학생들은 아서를 찾아 돌아다녔지만 발견할 수가 없었다. 자신들의 스승을 잃어버렸을까 봐 걱정이 된 학생들은 뿔뿔이 흩어져서 마을 곳곳을 뒤지고 다녔으며, 마침내 수많은 이탈리아 사람들에 둘러싸여 유창한 이탈리아어를 구사하고 있는 '아르투로(아서Arthur의 이탈리아식 이름)'라는 남자를 발견할 수 있었다. 이탈리아 사람들은 그에게 완전히 마음을 빼앗긴 상태였다.

버스가 수리되는 동안 시간을 보내는 데 아서는 아무런 어려움을 겪지 않았던 것이다. 그가 이 놀라운 재회를 위해 마을 사람들의 길을 다시 걷는 동안, 그의 언어 능력과 그 지역과 사람들에 대한 지식 덕분에 그와 마을 사람들은 정말로 같은 땅 위에 서 있었다.

나는 내 삶의 많은 시간을 전문 영업 분야에서 보냈고, 실제로 영업 사원으로도 일했었다. 또한 영업 전략을 교육하고 이끌어 가면서 세계 최고의 전문 영업인들의 방식을 연구했다. 그 과정에서 나는 뛰어난 영업가의 중요한 특성 중 하나가 구매자의 욕구를 예측하는 능력이라는 사실을 알게 되었다.

보통의 영업 사원들은 특징을 팔기 마련이다. 그들은 그 제품이나 서비스가 무엇인가를 고객에게 설명한다. 반면에 탁월한 영업 전문가는 혜택을 판다. 그들은 그 제품이나 서비스가 당신을 위해 무엇을 해 줄 수 있는가에 대해 이야기한다.

그 차이는 이렇다. 일반적인 영업 사원은 자동차 열쇠에 트렁크 문을 여는 기능이 더해진 자동차라고 설명하지만, 영업 전문가는 당신이 양손에 식료품을 잔뜩 들고서 자동차에 타려고 할 때 트렁크의 문이 자동으로 열리기 때문에 물건을 땅에 내려놓을 필요가 없다고 설명한다.

소비자는 제품의 특징을 사는 것이 아니다. 그들은 혜택을 산다. 상대방의 길을 걷는 법을 아는 영업의 대가는 가장 훌륭한 의사소통자이다.

카리브 해에 위치한 어느 레스토랑의 주인은 테이블에 비치해

둔 설탕 통 속의 설탕이 습기 때문에 돌처럼 딱딱하게 굳어 버리는 데 신물이 났다. 그래서 이 문제를 해결하기 위해 개별 포장된 설탕을 주문하기로 결정했다. 손님들이 커피나 차에 넣기 전에 직접 뜯어서 사용할 수 있게 하기 위해서였다.

주문한 설탕 팩이 도착한 아침, 그가 직원들에게 지시한 사항은 단순히 이것이었다. 설탕 통에서 오래된 설탕을 꺼내어 버리고, 통들을 깨끗이 씻은 다음 새 설탕으로 교체할 것. 그런 다음 주인은 그 자리를 떠났다.

주인이 자리를 비운 동안, 직원들은 지시받은 대로 개별 포장된 설탕을 뜯어서 새로 씻어 놓은 설탕 통에 집어넣는 작업을 충실하게 수행했다. 그렇게 하면서 그들 자신도 의아해하는 얼굴로 서로에게 물었다.

"도대체 사장님은 왜 이렇게 하기를 원하는 거지?"

이 원활하지 못한 의사소통은 누구에게 책임이 있는가? 지시를 내린 사람인가, 받은 사람인가?

물론 대답은 '두 사람 모두'이다.

조지 버나드쇼(아일랜드의 극작가이자 소설가)는 이것을 재치 있게 표현했다.

'의사소통의 문제는 의사가 전달되었다고 믿는 환상이다.'

우리가 진심으로 다른 사람의 길을 걸어 봄으로써 공통의 기반을 형성할 때, 긍정적인 변화에 영향을 줄 수 있는 우리의 능력이 눈에 띄게 커진다. 공감하지 못한다면 실제로는 의사가 전달되지 않았는데도 우리는 전달되었다고 믿는 환상을 가질 수밖에 없다. 주인과 직원 양쪽 모두가 서로의 생각에 공감을 했다면 오해를 막을 수 있었을 것이다. 주인에게는 '직원들이 내 말을 잘 알아들었을까?'라는 공감이, 직원들에게는 '사장님이 무슨 생각을 하고 있는 걸까?'라는 공감이 필요했다.

공감과 공통된 기반을 구성하는 매우 중요한 요소가 확실하게 이루어지지 못했을 때 얼마나 나쁜 상황이 발생할 수 있는지 그저 놀라울 따름이다.

고등학년 3학년 때 나는 매년 가을 학교에서 열리는 홈커밍(고등학교나 대학 졸업생들이 1년에 한 번 갖는 동창회) 행사 준비를 담당하게 되었는데, 나에게 있어 그때 얻은 교훈은 뼛속 깊이 사무칠 정도였다.

나는 뉴욕에 있는 한 학교가 미식축구 경기장에서 폭스바겐 자동차 경주를 개최했다는 기사를 전에 읽은 적이 있었다. 그것이 우리 학교 홈커밍 행사 때 열리는 미식축구 경기 중간 휴식 때 이벤트로 하기에 매우 좋은 행사가 될 것이라고 나는 혼자서 생각했다. 학년별로 운전자가 폭스바겐 자동차에 한 대씩 타고, 다른 학생들은 그 차를 운동장 한쪽 끝에서 다른 쪽 끝까지 미는 경주를 하는 것이 나의 구상이었다. 그렇게 해서 경기장 끝까지 맨 먼저 들어오는 차가 승리하는 것이었다. 그러한 색다른 이벤트로 인해 협동심도 생기고 재미도 있을 것이며 신이 날 것이라고 나는 상상했다.

나는 행사 준비 위원회에 소속된 다른 학생들과 함께 우리의 지도 교사인 오일러 선생님을 찾아가 그 계획에 대해 열정적으로 말씀드렸다. 오일러 선생님은 모든 것을 쉽게 허락하는 분이 아니었다. 선생님은 대학생 때 미식축구 미국 대표로 활동했으며, 우리가 더 잘 소통하고 더 좋은 리더가 되도록 가르치기 위해 늘 애를 쓰셨다. 또한 우리 스스로 해답을 찾아내도록 충분한 여유를 주는 분이었다.

오일러 선생님께 폭스바겐 경주에 대해 충분히 납득시켜 드리고 나서 교무실에서 나왔던 그날이 기억난다. 나는 선생님께 행사가 흠잡을 데 없이 잘 진행될 것이라고 장담했다. 우리가 경기장 바닥을 다른 것으로 덮을 것이므로 폭스바겐이 축구 경기장 위를 가로질러 굴러가도 경기장이 전혀 손상되지 않을 것이라고 나는 설명했다. 다른 예방책들도 준비되어 있을 것이므로 우리의 높은 기대를 모두 충족시킬 것이었다. 비록 그때까지 우리 고등학교에서는 한 번도 시도해 본 적이 없는 행사였지만, 앞으로 두고두고 모든 사람들의 입에 오르내릴 사건이 될 것이라고 나는 확신했다. 불행하게도, 그것은 사실이 되었다.

미식축구 경기의 중간 휴식 때 내가 경기장 안으로 걸어가서 마이크를 들고 "지금부터 폭스바겐 경주 대회를 시작하겠습니다!"라고 외치던 장면을 나는 아직도 기억한다. 그 이후는 마치 수천 명의 엑스트라들이 등장하는 영화의 한 장면과도 같았다. 관중석에 있던 학생들이 일제히 일어나 경기장 안으로 뛰어들더니 폭스바겐 자동차들을 밀기 시작했다. 경기 규칙을 설명할 시간도 없었고, "출발!"이라고 소리칠 틈조차 없었다. 게다가 1학년들은 운전면허를 소지할 나이가 아니라서 자신들의 폭스바겐 차를 운전할 사람이 아무도 없었다. 순식간에 그들은 2학년 라인으로 몰려가더니 2학년의 폭스바겐을 부수고 옆문을 찌그러뜨렸다. 그러자 2학년들은 1학년들의 차 위로 올라가서는 그 위에서 뛰면서 자동차 지붕을 박살내는 것으로 응답했다.

오일러 선생님이 경기장 한가운데로 들어와서 마이크를 들고 이렇게 말하기 전까지 결승 지점에 도착한 자동차는 석 대 중 한 대도 없었다.

"케빈 홀은 지금 당장 교무실로 오도록!"

축구 경기장에서 교무실까지 가는 내 발걸음은 천근만근 무겁고 고통스러웠다. 나머지 행사 위원 학생들은 다들 자신들이 내가 아닌 것이 천만다행이라고 생각하며 내 뒤를 따라왔다. 교무실 문을 열자 오일러 선생님이 칠판에 써 놓은 글이 눈에 띄었다.

'어떤 것도 추측하지 말 것.'

오일러 선생님은 흠잡을 데 없는 행사가 될 것이라고 내가 확신했던 때의 대화를 상기시켰다. 선생님은 내가 염두에 두었어야 했지만 그러지 못한 점들을 하나하나 짚어 주셨다. 이런 혼란스런 사태가 터지기 전에 사람들에게 경기 규칙을 명확하게 전달할 수 있을 것인지 생각해 보았느냐고 선생님은 물으셨다. 운전면허증이 없는 1학년 학생들 중에는 폭스바겐을 운전할 사람이 없을 것이라는 생각을 해 보았는가? 자동차들이 모두 일직선으로 똑바로 굴러갈 것이라는 데에 의문을 가져 보았는가? 자동차가 전부 보험에 들어 있는지 확인해 보았는가? 사실은 그중 한 대만 보험에 들어 있었다.

내가 어떤 리더이고 어떤 의사소통가인가를 보여 줄 큰 기회가 물 건너 가 버렸고 분명 나는 그것을 이루지 못했다. 생각나는 것이라고는 폴 뉴먼의 영화 〈폭력 탈옥〉(1967년)에 나온 대사 한 줄뿐이었다.

"여기에서 우리가 얻은 것은 의사소통의 실패뿐이야."

그러나 그것은 잊지 못할 기억이었다. 그 해가 가기 전까지 얼마나 많은 사람들이 나를 찾아와 "와, 정말 특별했어, 케빈. 우린 그날 밤을 절대로 잊지 못 할 거야."라고 했는지 이루 다 헤아릴 수도 없다.

의사 전달이 그토록 엇갈릴 수도 있고 제대로 될 수도 있는 것은 전달자와 전달 받는 사람이 그 메시지의 의도를 알고 있느냐에 달려 있다. 이유를 알면 방법을 알게 된다.

설탕이 눅눅해지는 문제가 있었던 카리브 해 레스토랑의 경우, 만일 레스토랑 주인이 직원들에게 자신들의 목적은 고객의 욕구를 항상 우선시하는 최고의 식당을 운영하는 것임을 분명하게 알려 주었더라면, 직원들은 주인의 지시 사항이 그렇게 헷갈리고 애매했더라도 낱개 포장된 설탕을 뜯지 말아야 한다는 것을 알 수 있었을 것이다. 『스틱Made to Stick』의 저자인 칩 히스와 댄 히스 형제는 자신들의 책에서 군대에서 사용하는 '지휘관의 의도'라는 용어에 대해 설명한다. 그것은 지휘관이 전달하는 말의 진정한 의미와 목적을 말하는 것이다. 중요한 것은 명령하는 말들이 아니다. 지휘관이 명령을 통해 의도하는 바를 헤아리는 것이 중요한 것이다.

'이해하다comprehend'라는 단어는 '함께'라는 의미의 '콤com'과 '움켜쥐다'라는 의미의 '프리헨더prehender'에서 왔다. 이해한다는 것은 함께 움켜쥐는 것이다.

서로가 확실히 이해하도록 하는 데 리더들이 시간을 투자한다면 오해는 사라진다.

6장에서 언급한 전설적인 기업가 노먼 브링커는 자신의 사업 분야에서 큰 성공을 거둔 것으로 유명하다. 그와 함께 일했거나 그에게서 가르침을 받은 사람들에게 들을 수 있는 공통된 이야기는 그가 효과적으로 의사소통하는 매우 보기 드문 사람이라는 것이었다.

노먼 브링커의 리더십 스타일에는 네 가지 확고한 원칙들이 있었다.

첫째, 그는 팀원들과 회의할 때 그들이 자신의 사무실로 오게 하지 않고 자기가 그들의 사무실로 직접 찾아갔다.

둘째, 그는 질문을 하고 직원들은 대답을 제시했다.

셋째, 그보다는 직원들이 주로 이야기를 할 수 있게 했다.

넷째, 고맙고 감사하다는 말을 자주 썼다.

노먼 브링커의 추도식에서 브링커 인터내셔널 사의 현직 CEO 더그 브룩스는 노먼이 그에게 개인적인 감사 쪽지와 편지를 53통이나 보냈으며 자신이 그 쪽지와 편지 하나하나를 얼마나 소중하게 보관했는지 들려주었다. 이렇게 공감하는 의사소통을 통해서 노먼 브링커는 그 사업 분야에서 최고의 자리에 올라간 임원들을 끊임없이 배출해 냈다. 실제로 현재 스무 명이 넘는 전직 브링커 사 팀원들이 여러 기업을 경영하고 있다.

돈 미겔 루이스는 신기원을 이룬 자신의 저서 『네 가지 약속 The Four Agreements』에서 분명하고 솔직한 양방향 의사소통의 중요성에 대해 언급했다. 세 번째 약속인 '추측하지 말라'에 대해 구체적으로 설명하면서 그는 충고한다.

"질문을 던지고 진정으로 원하는 것을 표현할 용기를 가지라. 오해와 슬픔과 극적인 사건을 피하기 위해 할 수 있는 한 최대한 분명하게 소통하라. 이 하나의 약속만으로도 삶을 완전히 변화시킬 수 있다."

스티븐 코비는 여러 차례 내게 가르쳤다.

"이해 받았다는 느낌만큼 효과가 있고 확실한 것은 없습니다. 이해 받았다는 기분을 느끼는 순간 그 사람은 훨씬 더 마음을 열게 되어 영향과 변화를 일으킵니다. 산소가 몸으로 전해지는 것처럼 공감은 마음으로 전해집니다."

불행하게도 오늘날 이 시대에는 누군가에게 이해 받는 것이 하나의 사치가 되었다.

순수 어원학적으로 '이해하다understand'는 '그 가운데 서 있다stand among'는 것을 의미한다. 바로 밑이나 저 아래쪽에 서 있다는 의미가 아니다. '함께 서 있다'는 의미이다.

진정으로 길을 발견하는 사람은 공통된 기반을 바탕으로 지도한다. 그들은 자신을 따르는 사람과 얼굴을 맞대고 팔꿈치와 어깨를 나란히 하며 길 위에 함께 서 있다. 그들은 길을 안내하고 직접 보여 주는 리더이다.

자녀 교육을 위해 내가 지금까지 들은 최고의 조언은 한 여성으로부터 들은 것이다. 그녀는 프랭클린 사에서 나와 함께 일한 적이 있는 패트리샤 머레이다. 패트리샤 머레이는 미스 하와이 출신이고 미스 아메리카 입상자였지만, 그녀에 대해 가장 인상적이었던 것은 그녀와 남편이 자녀들과 맺는 관계였다. 그 부부와 아이들은 언제나 모든 것에 대해 시시콜콜 이야기를 나누었다. 분명히 그들 사이에는 깊은 사랑과 신뢰감이 있었다. 나는 패트리샤에게 어떻게 그렇게 훌륭한 관계를 만들 수 있었는지 물었다. 처음부터 그녀와 남편은 아이들에 대해 두 가지 원칙을 세웠다고 했다. 첫 번째는 무슨 일이 있어도 언제나 아이들의 친구가 되어 주는 것이었다. 두 번째는 무슨 일이 있든 언제나 대화한다는 것이었다.

그녀는 말했다.

"이 두 가지 원칙은 우리가 모든 어려움을 헤쳐 나갈 수 있게 해 주었어요."

그 당시 나는 아내와 가정을 막 꾸린 상태였고, 우리는 그녀의 조언을 가슴 깊이 새겼다. 우리 집에서도 아이들에 대해 똑같은 원칙을 세웠다. 무슨 일이 있든 열린 마음으로 대화하는 의사소통 정신은 우리 가족이 목표를 세우며 자연스럽게 발전해 나가게 했다. 해마다 우리는 아이들과 함께 앉아서 아이들이 목표와 꿈을 찾는 것을 도왔다. 아이들은 우리의 목표가 될 수 없으며 자신들만의 목표가 필요했다. 아이들은 자신들의 소명인 꿈이 필요했다. 이러한 '면담'은 폭넓고 긍정적인 결과를 가져오는 의사소통을 만들었고, 다양한 길 위에 있는 우리 아이들을 우리가 안내하고 이끌 수 있게 했다.

우리는 단어의 고마움을 당연한 것으로 여기기가 쉽다. 그러나 누군가가 알츠하이머병(치매를 유발하는 병)으로 괴로워할 때 그러하듯이 인간의 뇌 기능이 감퇴하기 시작하면 단어 하나하나가 훨씬 더 가치 있어진다.

나에게는 짐 다이어라는 이웃 친구가 있는데, 그의 아내이자 소울메이트인 레니 다이어가 알츠하이머병에 시달렸다. 병이 2년째로 접어들면서 아내의 기억력과 의사소통 능력이 더욱 감퇴되자 짐은 깨달았다. 그녀가 자신이나 다른 사람들과 어떤 단어도 나눌 수 없게 되는 때가 빠르게 다가오고 있음을. 그는 아내가 말하는 것을 더욱 주의 깊게 듣고 그것들을 전부 적어 두었다. 단어 하나하나가 보물이 되었다. 5년이 넘는 시간 동안 그는 8천 개 이상의 단어들을 모았고 그것들을 일기장에 기록하고 분류해 두었다. 한 주 한 주 지날수록 그녀가 사용하는 단어들이 급격히 줄어들었다. 시간이 더 지나자 레니는 거의 말을 하지 않았다. 그녀는 가장 중요한 것에만 집중하려는 것 같았다.

가끔 그녀는 남편인 짐도 좀처럼 알아들을 수 없는 언어로 말하곤 했다. 하지만 그 말들을 하고 나서 누군가가 자신에게 귀를 기울이고 있음을 알게 되는 것만으로도 레니가 차분해지고 만족스러워 한다는 것을 짐은 깨닫게 되었다.

추수감사절에 가족과 친구들과 함께 있던 레니는 하루 종일 한마디도 하지 않았다. 그녀가 피아노 치는 걸 좋아했었기 때문에 아들 스티브는 휠체어에 탄 그녀를 피아노 가까이 데려다 주었다. 손자 로비가 피아노를 치고 있었다. 로비가 연주를 다 마칠 때쯤 그 방에 있던 모든 사람들은 레니가 크고 분명하게 두 단어를 말하는 것을 들었다. 그날 그녀가 할 수 있었던 가장 중요한 말은 바로 이것이었다.

"고맙다Thank you."

우리는 의사소통의 힘을 결코 과소평가하거나 그 가치를 몰라서는 안 된다. 적절한 순간에 사용한 적절한 단어의 힘을 결코 무시해서는 안 된다. 단어는 우리를 서로에게 연결시킨다. 단어는 우리가 듣는 것과 말하는 것을 이루게 한다. 단어는 우리가 어떤 존재인가를 종합적으로 보여 주는 핵심이다.

오그 만디노는 공감에 대해 말하면서 이렇게 썼다.

"나는 사람들의 마음 주변에 세워진 의심과 미움의 벽을 사랑으로 무너뜨리고, 그 자리에 다리를 놓아 나의 사랑이 그들의 영혼 속으로 들어가도록 할 것이다."

나의 가까운 친구이자 코칭 고객이며 오그 만디노 그룹의 CEO인 데이브 블랜처드는 말했다.

"우리의 성격은 역경의 용광로 속에서 단련되어 만들어진다. 우리는 고통이 어떤 느낌인지 안다. 우리는 과거를 바꿀 수는 없다. 그러나 이런 기준들을 풍부한 자원으로 삼아 사람들을 더 잘 이해하고 그들과 연결되는 데 도움이 되게 할 수 있다. 우리가 삶에서 경험한 것들을 다른 사람을 위해 봉사하는 데 이용한다면 마침내 우리는 우리의 고통 속에 숨은 목적을, 우리의 여행에 담긴 기쁨을, 그리고 우리의 영혼이 그토록 갈구하던 치유를 발견할 것이다."

진정한 리더와 길을 발견하는 사람이 되기 위해서는 적극적인 경청과 세심한 관찰을 통해 삶을 지탱하는 것이 무엇인지 발견해야 한다. 공감은 다른 사람의 길을 걷는 것을 의미한다. 경청은 나를 또 다른 자기 관리의 차원으로 데려가고 한 단계 높은 리더십으로 이끌어 가는 힘을 갖고 있다.

어니스트 헤밍웨이는 말했다.

"나는 주의 깊게 듣는 것으로부터 많은 것을 배웠다. 대부분의 사람들은 도무지 경청할 줄 모른다."

타인에게 공감하며 경청하는 사람들의 특징은 무엇인가? 그들은 의사소통을 할 때 어떻게 하는가?

누군가가 자신의 길에서 나를 만난 결과, 그들은 어떤 행동의 변화를 경험하는가? 나는 어떻게 하면 더 공감하는 마음을 가지고 경청할 수 있을까?

나는 모든 만남에서 이해심과 공감을 보여 줄 것인가 아니면 비판하고 판단하는 태도를 보일 것인가를 선택할 수 있다. 첫 번째 선택은 의미 있는 관계로 이끌고, 두 번째 선택은 근거 없는 추측과 좌절감으로 이끈다.

다른 사람의 감정을 느끼고 공감할 수 있는 나의 무한한 능력을 나는 활용할 것이다. 왜냐하면 목적으로 가득한 길은 혼자 여행하도록 되어 있지 않기 때문이다.

'코치'는 '중요한 사람을 목적지로 무사히 데려다 주다'는
뜻이다. 알지 못한 것은 가르칠 수 없고, 가 보지 않은 길은
안내할 수 없다. 누군가의 길을 비추어 줄 때
자신의 길을 분명하게 볼 수 있다.

아홉번째 단어

코치 – 사람들을 데려다 주기
Coach

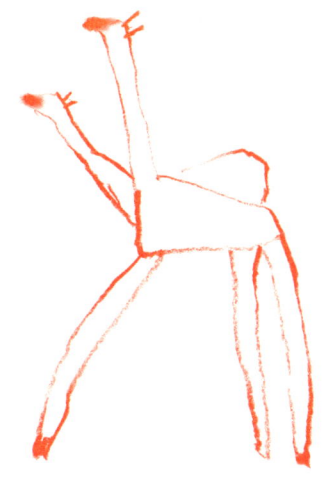

형제의 배가 강을 건너도록 도와주라. 그러면 너의 배도 물가에 도착하게 될 것이다.

_힌두교 속담

옛 헝가리에는 수도 부다페스트와 오스트리아의 빈 사이를 흐르는 다뉴브 강 근처에 코치Kocs라는 이름의 마을이 있었다. 그곳은 세상에서 가장 훌륭한 마차를 만드는 곳이었다. 수레바퀴를 제작하는 숙련된 목수들은 부다페스트와 빈을 연결하는 덜컹거리는 강변길을 따라 왕족들을 편안하게 모시기 위해 받침 스프링이 있는 운송 수단을 고안해 냈다. 이 사륜마차의 이름은 그것을 솜씨 좋게 설계한 작은 마을의 이름을 따서 '코치coach'로 알려지게 되었다.

본래부터 귀족들을 위해 제작된 코치는 중요한 사람들을 그들이 원하는 목적지로 편안하고 호화스럽게 이송했다. 그리 크지는 않지만 튼튼하고 품격 있는 코치의 디자인은 그전까지 나온 어떤 운송 수단도 능가했고, 곧이어 코치는 15세기에 유럽 전역에서 유행하게 되었다.

시간이 흐르면서 다른 형태의 운송 수단도 '코치'라는 이름을 차용했다. 여행자들은 스테이지 코치(역마차)나 레일웨이 코치(여객열차)를 이용해 미국 서부 변경 지역까지 멀리 여행했다. 유럽에서는 모터 코치가 고급차나 여행용 버스와 동의어가 되었다.

하지만 헝가리의 코치 마을에서 코치가 처음 만들어져 운행된 이래로 그 단어가 아무리 광범위하게 사용되고 대중적인 단어가 되었다 하더라도 그 의미는 변하지 않았다. 여전히 코치는 중요한 사람들을 그들이 원하는 곳으로 데려다 주는 물건 또는 사람이라는 의미를 담고 있다.

여러 문화와 언어권에서 '코치'는 다양한 이름과 명칭들로 알려져 있다.

일본어로 '센세이'는 '길을 앞서 간 사람'이라는 뜻이다. 무술 세계에서 그것은 마스터를 위한 호칭이다.

산스크리트어로 '구루guru'는 '위대한 지식과 지혜를 갖춘 사람'이라는 뜻이다. '구gu'는 '어둠'을 의미하고 '루ru'는 '빛'을 뜻한다. 구루는 누군가를 어둠으로부터 빛으로 데려가는 사람이다.

티베트어로 '라마'는 '영성과 가르칠 권위를 지닌 사람'이라는 뜻이다. 티베트 불교에서 달라이 라마는 가장 높은 위치에 있는 스승이다.

이탈리아어로 '마에스트로'는 음악의 대스승이라는 뜻이다. 그것은 성가대 지휘자라는 의미의 '마에스트로 디 카펠라'를 줄인 말이다.

프랑스어로 '튜터'는 개인 교사를 일컫는다. 이 단어는 14세기에 생긴 것으로 추정되며, 경비원으로 일하는 사람을 의미했다.

영어로 '가이드'는 '길을 알고 보여 주는 사람'이라는 뜻이다. 더 좋은 길을 보고 알아내는 능력을 의미한다.

그리스어로 '멘토'는 '지혜롭고 신뢰할 수 있는 조언자'를 뜻한다. 호머가 쓴 『오디세이』에 나오는 '멘토'는 사람을 보호해 주고 지지해 주는 조언자이다.

이 단어들은 모두 똑같은 역할을 의미한다. '먼저 가서 길을 보여 주는 사람'이다. 코치들은 여행길에 있는 급커브, 움푹 파인 곳, 위험한 곳, 함정들을 알려 준다. 그들은 우리를 원하는 목적지까지 안전하게 안내하면서 막다른 길이나 불필요한 우회길을 피해 간다. 지도하거나 가르치거나 보여 주거나 안내하거나 멘토 역할을 하거나에 관계없이 그들은 모두 코치이다. 그리고 그들은 우리가 우리의 길과 목적지를 찾는 데 도움을 주는, 없어서는 안 될 사람들이다.

내가 아서의 안락한 방에 자리 잡고 앉아, 코치라는 마을에서 유래한 '코치'라는 단어를 꺼내자 아서의 두 눈이 반짝였다. 그는 무척 즐거워하며 방금 내가 말한 '코치'의 기원을 인정해 주었다. 그는 실제로 코치 마을을 통과해 흐르는, 빈과 부다페스트 사이의 다뉴브 강을 따라 난 그 길을 여행해 본 적이 있다고 말했다. 그 기억이 떠오르자 기분이 좋아진 듯했다. 하지만 그를 훨씬 더 기분 좋게 만든 것은 내가 공부할 단어를 스스로 생각해 왔다는 사실이었다.

다른 누군가가 자신처럼 단어에 대한 애정을 보일 때마다 아서에게 특별한 열정이 샘솟는다는 것을 나는 알았다. '문화 캡슐' 강의를 하는 자리에서 청중 중 누군가가 그날의 주제인 단어에 동화될 때 그에게서 또 다른 에너지가 솟구치는 것을 볼 수 있었다. 얼굴에 빛이 나고, 대화에 빠져들면 커다란 손이 흥분된 몸짓으로 움직이곤 했다. 나는 그것과 똑같은 에너지를 자주 목격했다. 그가 자신의 아들딸과 이탈리아어나 독일어, 혹은 내가 전혀 이해할 수 없는 다른 언어로 전화 통화를 할 때가 바로 그런 순간이었다. 다른 누군가가 단어와 언어에서 즐거움을 찾을 때 그는 눈에 띌 정도로 기뻐했다.

우리가 코치 마을에 관해 이야기를 나누던 중 나는 아서가 1930년대에 경험한 일에 매료되었다. 그것은 빈의 광장에서 한 남자가 연설하는 것을 많은 사람들과 함께 선 채로 들은 기억이었다. 그 연설가는 독일의 총통 아돌프 히틀러였다. 히틀러가 유럽 전역으로 증오의 정치를 표출하며 2차 세계대전을 일으키기 전에 아서는 엄청난 힘이 담긴 히틀러의 목소리를 직접 귀로 들은 것이다. 아서는 히틀러가 선택한 단어들과 그것들을 전달하는 어조만으로도 청중을 선동할 수 있었던 능력을 기억했다. 단어라는 것이 많은 긍정적인 것을 불러올 수 있으며 많은 파괴적인 것 또한 불러올 수 있음을 그는 나에게 상기시켰다.

삶에서 만난 많은 코치들의 이름을 목록으로 적어 보고 그들이 자신의 길과 목적에 어떤 영향을 미치고 있는가를 글로 써보는 것은 매우 유용하다. 나는 이 책을 통해서 나의 삶에 중요한 역할을 한 많은 사람들에 대한 일화를 전하며 그들에게 경의를 표하고 있다. 이 코치들은 각자 다른 이름과 호칭을 가지고 있다. 예를 들자면 선생님, 가이드, 멘토, 어머니, 친구, 교수 등이다. 하지만 어쨌든 이들 모두는 나 혼자서는 절대 갈 수 없었을 곳으로 나를 인도했다.

코치의 가치를 인식하는 것은 더 나은 성과를 얻기 위한 첫 단계가 될 수 있다. 하지만 그것이 늘 쉬운 일만은 아니다. 어느 곳에나 코치가 존재하는 스포츠 세계에서조차 코치의 중요성은 때때로 과소평가되거나 간과될 수 있다.

내가 개인적으로 열정을 갖고 있는 사이클 경기 종목에서 혁명과도 같은 일이 일어난 적이 있다. 랜스 암스트롱(미국의 사이클 선수로 고환암을 이기고 국제 사이클 대회에서 일곱 번 우승했음)이 전에는 한 번도 사용하지 않은 방식으로 코치를 활용한 것이다. 암에서 회복된 뒤 암스트롱은 자신의 면역체계가 최적의 수준으로 기능하도록 만들기 위해 영양사를 이용했다. 그는 거기서 멈추지 않았다. 자신의 체형에 맞는 자전거와 장비를 준비해 줄 전문가를 찾았다. 그리고 타임 트라이얼(일정 거리를 단신으로 달려서 걸린 시간으로 승부를 가리는 사이클 경기)에서 바람을 더 잘 이겨내는 운동복을 맞추기 위해 디자이너들의 자문을 구했다. 또한 페달을 한 번 밟을 때마다 얼마만큼의 힘이 작용되는지를 측정할 코치들을 초빙했다. 우리 대부분이 이미 어렸을 때 타는 법을 배우는, 자전거 위에 앉아서 페달을 돌리는 그 간단해 보이는 스포츠에서.

그는 또한 코치들을 사이클 경기에 적극 참여시켰다. 일단 경기가 시작되면 사이클 선수는 단독으로, 오직 자신의 지혜와 본능에만 의지해 달리는 것이 오랜 전통이었다. 하지만 코치가 단순히 경기 준비를 돕는 것을 넘어서서 랜스는 경기 내내 코치들과 무선으로 연락을 취함으로써 경기 중에 코치들이 자신에게 조언을 할 수 있게 했다. 거기서 한 단계 더 나아가, 경기가 끝나면 음식 담당 코치를 불렀다. 음식 코치는 완전히 지친 그날의 경기에서 가능한 한 빠르고 효과적으로 회복하는 데 도움이 되는 음식을 준비할 주방장이었다. 랜스 암스트롱은 세계 최고의 사람들에게 배우는 것이라면 안 해 본 것이 없었다. 사람들은 이들을 '랜스 팀'이라고 불렀으며, 사이클 경기 역사상 그런 일은 지금까지 한 번도 시도된 적이 없었다.

나는 '랜스 팀'을 직접 본 적이 있다. 투르 드 프랑스(프랑스 전역을 23일 동안 일주하는 세계 최고의 도로 사이클 대회)를 보기 위해 사이클 동호회 친구들과 함께 프랑스를 여행하고 있을 때였다. 우리 일행은 에비앙 시에 있는 아름다운 제네바 호숫가 어느 노천카페에 앉아 그날의 경기가 시작되기를 기다리고 있었는데, 랜스의 트레이너이자 경기 코치인 크리스 카마이클과 합석을 하게 되었다.

우리는 그에게 랜스가 자신의 능력과 재능을 발휘해 세계 최고의 사이클 선수가 된 비결을 물었다. 그는 랜스의 성공의 상당 부분은 페달을 밟는 카덴스(페달의 회전수)에 변화를 주려는 불굴의 의지 덕분이라고 설명했다. 대부분의 사이클 선수들은 1분 동안 평균 70에서 80번 페달을 돌린다. 그러나 랜스는 그렇지 않았다. 그는 평균 90에서 100번이 될 때까지 속도를 증가시켰다. 심지어 언덕을 오를 때도 그렇게 했다. 코치는 랜스에게 그의 군살 없는 탄탄한 근육을 이용해 거의 전례가 없는 고속의 카덴스로 달려보자고 제안했다. 높은 기어에서 페달을 밟는 연습을 함으로써 랜스는 자신의 특별한 신체 기능을 활용할 수 있었다.

코치가 우리에게 말했다.

"랜스가 점점 강해지는 것을 지켜보세요."

그때는 투르 드 프랑스 대회가 시작되고 얼마 지나지 않은 시점이었다. 며칠 뒤 파리에서 경기가 끝났을 때 랜스 암스트롱은 그의 코치가 예언했듯이 자신이 갈망하던 승리를 나타내는 옐로 저지(투르 드 프랑스의 종합 선두 주자가 입는 노란 셔츠로 마지막 구간에서는 우승자를 의미함)를 입고 샹젤리제 거리를 달리고 있었다. 랜스가 시상대에 올라가는 장면을 지켜보면서 우리는 그 근처에서 매우 흐뭇해하고 있을 그의 코치의 모습을 상상할 수 있었다.

스포츠 역사상 가장 성공한 운동선수 중 한 명으로 꼽히는 랜스 암스트롱은 단지 코치들에 둘러싸이는 것이 아닌, 뛰어난 배움의 자세를 갖는 것의 중요성을 전형적으로 보여 준다. 코치가 있는 것과 그 코치의 말에 귀 기울이는 것은 별개의 문제이다.

비즈니스 업계에서 하비 맥케이만큼 코치의 가치를 인정하는 사람은 없다. 그는 베스트셀러 작가이고 국제적으로 알려진 강사이며 맥케이 엔빌로프 컴퍼니의 창업자이자 회장이다. 하비는 자기 삶의 거의 모든 영역에 코치가 있다고 내게 말했다. 그에게는 강연 코치가 있다. 글쓰기 코치도 있다. 사업 코치, 재무 코치, 인생 코치, 테니스 코치, 달리기 코치, 골프 코치도 있다. 심지어 탁구 코치까지 있다. 그는 통틀어 열 명도 넘는 개인 코치를 두고 있다. 그렇다면 그 이유가 무엇일까? 훌륭한 코칭의 도움을 통해 더 많은 것을 성취할 수 있다는 것을 깨달았기 때문이다. 그는 최고의 숙련가를 찾아가서 개인 지도를 받는 것이 돈으로 따질 수 없는 것임을 깨달았다. 그것이 그를 사업에서 성공할 수 있게 도왔고, 운동선수로서도 성공하도록 도움을 주었으며, 세계에서 가장 주목받는 작가로서 또 강연자로서 발전하도록 도왔다. 코치들은 그의 삶의 의미 있는 모든 영역들을 풍요롭게 해 주었다.

다양한 종류와 유형의 코치들에게서 발견되는 공통점은 그들 모두가 교사라는 것이다. '가르치다 teach'라는 단어의 어원은 '보여 주다'의 의미를 가지고 있다. 교사는 그저 말로만 하지 않는다. 그들은 증명해 보이고, 본보기가 되고, 직접 보여 준다.

마바 콜린스는 세상에서 가장 위대한 교사로 일컬어진다. 그녀는 시카고의 빈민촌에 있는 자신의 집에서 웨스트사이드 대입 준비 학교를 운영하기 시작했다. 그녀는 공교육 제도에서 뒤처지고 버림받은 학생들에게 문을 열어 주었다. 이들은 '학습 장애아'라고 낙인찍힌 학생들이었다. 읽고 쓰는 것에 문제가 있는 낙제생들이었다. 도저히 가르칠 수 없고 지도할 수 없다고 여겨진 아이들이었다. 마바가 그 아이들을 데리고 와서 그들에게 더 나은 방법을 보여 주기 전까지는 그랬다.

선구적인 안목을 지닌 이 교사는 사회의 고정관념을 따르지 않았다. 그녀는 평범함을 거부했고 변명들을 받아들이지 않았다. 그녀는 학생들의 내면에는 저마다 아직 드러나지 않은 '우수한 아이'가 숨어 있다고 믿었다. 마바는 학생들에게 그들 스스로 선택권이 있음을 알려 주었다. 문맹의 길을 선택해서 자신의 욕구를 충족시켜 줄 수 없는 장래성 없는 직업으로 인생을 마무리할 수도 있다고 말했다. 혹은 교육을 받는 선택을 해서 자기 자신을 위해 그리고 자기가 사랑하는 사람들을 위해 저 너머 보이지 않는 곳에 펼쳐진 지평선을 향해 나아갈 수도 있다고 말했다.

그녀는 시간만 잡아먹을 뿐 쓸모 없는 수업이나 기계적인 암기식 교육을 버리고 학생들의 적극적인 참여로 대체했으며 학생들에게 자기 훈련을 요구했다. 교사라는 존재는 배움이 전염성을 가지고 널리 퍼지게 해야 하고, 하나의 아이디어가 다른 아이디어의 불을 지피는 환경을 만들어야 한다고 그녀는 굳게 믿었다.

마바는 글을 읽고 쓸 줄 모르는 학생들을 데려다가 그들이 언어에 능통할 수 있도록 도왔다. 학생들은 플라톤, 소크라테스, 호머 같은 위대한 작가들의 작품을 읽을 수 있게 되었다. 버려졌던 아이들이 셰익스피어의 명언을 인용하기 시작했다. 마침내 많은 노력 끝에 웨스트사이드 대입 준비 학교를 졸업한 아이들은 하버드 대학, 프린스턴 대학, 콜롬비아 대학, 옥스퍼드 대학, 예일 대학, 스탠포드 대학에 들어갔다.

그녀의 놀라운 이야기는 미국 CBS 방송의 시사 프로그램 〈60분〉에 방영되었다. 조시 부시와 빌 클린턴 두 대통령이 그녀에게 교육부 장관이 되어 줄 것을 요청했지만 그녀는 한 번에 한 학생만 가르치는 것이 좋다며 그들의 제안을 정중히 거절했다.

아내와 나는 마바와 그녀의 남편과 함께 사흘을 보낼 특권을 가졌다. 그녀의 남편 프랭클린 역시 사우스캐롤라이나 주 힐튼 헤드에 있는 그들의 아름다운 집에서 아이들을 가르치고 있었다.

자신의 널찍한 서재에서 마바는 가르침이 모든 출발의 열쇠가 되어야 한다고 말했다.

"저는 30년 동안 아이들을 가르치면서 학습 장애를 가진 학생은 거의 발견하지 못했어요. 하지만 가르침 장애로 인해 희생된 학생들은 수없이 보았습니다."

그녀는 좋은 교사란 부족한 학생을 훌륭하게 만들고 훌륭한 학생을 더 뛰어나게 만드는 사람이라고 믿었다. 그녀가 한 말이 기억난다.

"우리 학생들이 실패하면 우리도 교사로서 실패한 것입니다."

그녀는 각 학생들의 독특한 재능을 발견하고 그것을 확대시키는 데 중점을 두었다. 그녀가 학생들에게 자주 하는 말이 있었다.

"너 자신을 믿어라. 너 자신을 위해 생각해라. 너 자신을 위해 행동해라. 너 자신을 위해 말해라. 너 자신이 되어라."

그녀는 '알지 못하는 것은 가르칠 수 없고, 가 보지 않은 길은 안내할 수 없다.'라는 철학을 행동으로 보여 주었다.

우리는 수천 수백 명을 가르칠 필요가 없고, 심지어 십여 명도 가르칠 필요가 없다. 한 사람에게 길을 보여 줄 수 있다면, 한 사람을 어둠에서 빛으로 데려올 수 있다면, 한 사람의 발전에 영향을 줄 수 있다면, 우리는 교사와 코치로서 성공한 것이다. 누군가의 길을 밝게 비추어 줄 때 자신의 길을 더 분명하게 본다는 것은 진리이다.

나 자신의 코칭 경험을 통해 나는 그것이 사실임을 깨달았다. 매주 나는 사업, 영업, 운동, 강연, 글쓰기 분야에서 최고의 실력자인 사람들을 코칭하는 특권을 누리고 있다. 나는 종종 그들이 나에게서 받는 것보다 훨씬 더 많은 것을 받는다.

빅터 프랭클이 고안한 '책임의 조각상'을 만드는 작업에 내가 참여했을 때 중요한 역할을 한 나의 초기 멘토는 짐 뉴먼이었다. 그가 종종 내게 한 말이 있다.

"케빈, 자네가 행복을 원한다면, 평화를 원한다면, 삶에서 성취를 원한다면 다른 사람의 성공에 기꺼이 기뻐하게."

참으로 멋진 말이고 훌륭한 목표이다. 코치가 되고자 하는 사람에게는 이만한 목표 설정이 없다. 당신이 관심 있게 지켜보는 사람이, 당신과 함께 일하고 계획했던 사람이 전에는 가능할 것이라고 한 번도 꿈꾸지 못하던 것을 얻고 성취하는 것을 지켜보는 것보다 더 보람 있는 일이 어디 있는가?

큰아들 콜비가 고등학교 2학년일 때 우리는 캘리포니아로 이사했다. 콜비는 열성적인 축구 선수였기 때문에 꾸준히 쌓아 가던 자신의 축구 선수 경력에 이사가 어떤 영향을 미칠지 걱정하는 것이 당연했다. 특히나 콜비는 우리가 살던 주에서 가장 큰 고등학교에 다니고 있었는데, 그곳은 뛰어난 축구 선수를 배출하는 것으로 명성이 높은 학교였다.

새 집에 도착해 이삿짐 트럭에서 짐을 내리자마자 나는 콜비를 차에 태워 근처 고등학교 축구 경기장으로 데리고 갔다. 그곳에서는 청소년 축구팀이 연습을 하고 있었다. 우리는 차에서 내려 잠시 구경을 하다가, 겉보기에도 확실히 장애를 가진 듯한 소년이 몸을 풀고 있는 모습을 보게 되었다. 그 아이는 뛰는 것은 고사하고 정상적으로 걸을 수도 없었다. 아이가 공을 쫓아가는 모습을 보니 발을 질질 끌면서 제대로 뛰지도 못했다. 나는 나중에 그 소년이 뇌성마비로 고통받고 있음을 알게 되었다.

우리 옆에 학부모 한 사람이 서 있었다. 나는 그에게 저 장애를 가진 아이가 축구팀 도우미 중 한 명이냐고 물었다. 그런데 돌아온 대답은 이것이었다.

"아닙니다. 저 아이는 선수입니다. 스카프 코치는 저 아이가 축구를 하길 원하거든요."

그것이 돈 스카프 코치에 대해 들을 수 있는 전부였다. 그때 나는 콜비가 믿을 만한 코치를 만나게 되었다는 것을 알았다.

시즌 경기 동안 나는 스카프 코치가 그 소년을 모든 훈련과 연습과 경기에 참여시키는 모습을 지켜보았다. 그 소년의 이름은 션이었다. 션은 선발 선수가 아니었고 정기적으로 경기에 나가지는 않았다. 경쟁 팀과 경기를 펼쳐야 하는 다른 선수들과 학교에 대한 책임을 스카프 코치는 잊지 않았고, 덕분에 그들은 그해 챔피언십 리그에서 우승을 거두었다. 또한 그는 자비로운 마음과 누구도 제외시켜서는 안 된다는 책임감도 잊지 않았다. 연습을 할 때나 경기를 하는 동안 스카프 코치는 션이 뛰기에 적절한 시간과 장소를 찾았다. 션은 경기장에 나갈 때마다 데이비드 베컴처럼 활짝 웃었다.

시즌 경기가 진행됨에 따라 스카프 코치의 행동은 나머지 선수들에게 긍정적인 영향을 미쳤다. 선수들은 자신들처럼 몸이 온전하지도 완전하지도 않은 션을 원망하지 않았다. 그보다는 코치를 따라하며 션을 받아들이고 격려하기 위해 노력했다. 그로 인해 팀의 결속력이 더 단단해졌다고 나는 확신한다.

시즌 경기가 끝난 뒤 나는 스카프 코치에게 션을 팀원으로 받아들인 이유를 물었다. 그는 팀이 션에게 줄 수 있는 것보다 션이 팀에게 줄 수 있는 것이 훨씬 더 많기 때문이라고 대답했다. 션이 신체적 결함에도 불구하고 가지고 있는 열망, 그의 정신력과 태도, 긍정적인 마음가짐을 스카프 코치는 느꼈다. 그는 말했다.

"션은 '나는 할 수 없어요.'라는 말을 절대 하지 않아요. 그가 팀에 소속되는 것에 얼마나 진지하고 얼마나 열심히 훈련하며 다른 선수보다도 얼마나 더 열심히 노력하는지 그저 놀라울 따름입니다. 션은 좋은 의견도 많이 냅니다. 다른 선수들은 그 아이를 존중했고, 결국 자신들이 얼마나 행운인지 깨달았습니다. 이를 통해 선수들은 모든 일을 더 열심히 하게 되었습니다. 그것이 우리를 하나로 뭉치게 만들었습니다."

이 통찰력 있는 코치는 나름의 계획이 있었고 그것이 통했다. 그리고 그것은 모두에게 통했다.

나는 대통령 선거 운동을 함께 하면서 맥 휘트먼을 알게 되었다. 맥은 혁신가로서 또한 동기 부여자로서 전설적인 인물이다. 그녀는 직원이 몇 명밖에 안 되는 작은 규모의 인터넷 회사를 인수해 160억 달러 가치의 기업으로 탈바꿈시켰다. 그 회사는 수천 명의 직원과 수백만 명의 고객이 있는 '이베이(미국 인터넷 경매 사이트)'라는 곳이다.

맥은 단어 하나의 힘을 기초로 이베이를 일궈 냈다. 그녀는 그 단어를 '모든 단어 중 내가 가장 좋아하는 단어'라고 부른다. 그 단어는 바로 '인증 validation'이라는 단어이다.

인증은 '강해지다'라는 의미의 라틴어 '발레레 valere'에서 유래했다. 법적인 관점에서 '인증'은 '법적으로 받아들일 수 있다'라는 의미이다. 인증 받을 때 힘과 권력과 권위가 주어진다.

이베이에서 맥은 특별하고 시기적절한 피드백 시스템을 고안했다. 직원과 고객이 똑같이 자신들의 거래를 책임지고 있다는 사실, 즉 그들이 힘을 가지고 있다는 사실을 끊임없이 효과적으로 확인시키는 시스템이었다. 파는 사람과 사는 사람 사이의 모든 거래는 즉시 등급이 매겨져서 전반적인 피드백이나 신용 점수를 만들었다. 이러한 신뢰 인증 제도는 훗날 전 세계에서 받아들인 전자상거래의 뼈대가 되었다.

멕은 이렇게 말했다.

"누군가를 인증할 때 그것은 그 사람에게 힘을 주는 것입니다. 그것은 그 사람이 놀라운 일을 해낼 수 있게 합니다. 그것이 바로 세상을 돌아가게 합니다."

효과적인 코칭은 약점과 부족함이 아닌 장점과 능력에 중점을 두는 것이다.

본질적으로 코칭은 상호적이다. 코칭은 결코 일방통행이 아니다. 예민한 코치는 자신이 코칭하고 있는 사람으로부터 배운다.

존 루터는 수십억 달러의 가치가 있는 던킨 브랜드의 전직 최고 경영자이자 현 이사회 회장이다. 그는 서비스 업계에서 매니저로 일했던 자신의 첫 직업에 대해 이야기하기를 좋아한다. 대학을 막 졸업했을 때 그는 새 직장인 서비스 시스템즈 사에 대해 충분히 좋은 인상을 가지고 있었다. 회사는 그를 그의 고향인 뉴욕 주 버펄로 시에 있는 캐니시어스 대학으로 보내 구내식당을 경영하게 했다. 존은 그때를 회상했다.

"그때 나는 24살이었습니다. 나는 와이셔츠에다가 모교인 프린스턴 대학의 넥타이를 매고 주방 안으로 들어갔는데 새로운 환경에 완전히 어안이 벙벙했죠. 주변을 둘러보니까 나보다 나이가 많아 보이는 아름다운 여성 사라가 있었습니다. 그녀는 일반 요리사였어요. 그녀는 내게 '꼬마야, 지금 뭐가 뭔지 모르겠지? 그렇지? 날 따라와. 내가 안내해 줄게.'라고 말했습니다. 사라는 나의 멘토가 되었어요. 그녀는 내게 주방 뒤편을 보여 주었고, 내가 알아야 하지만 모르고 있는 것들을 전부 알려 주었습니다. 그녀가 나를 구한 셈이죠. 세상에 중요하지 않은 사람은 단 한 사람도 없고 중요하지 않은 일은 단 한 가지도 없다는 것을 나는 배웠습니다."

그 후 몇 년이 흘렀다. 존은 경력을 계속 쌓아갔고 마침내 ARA로 알려진 대형 음식 서비스 회사인 '아라마크 서비스'의 부사장이 되었다. 존이 승진한 사실이 버펄로 시의 지역 신문에 소개되었다. '마을 소년 성공하다'라는 제목 아래 작은 사진과 함께 몇 줄의 기사가 실렸다.

그 후 얼마 지나지 않아, 존이 필라델피아에 있는 자신의 사무실에 앉아 있을 때 전화벨이 울렸다. 톰 로리스라는 ARA 직원이 버펄로 시에서 전화를 건 것이었다. 톰이 말했다.

"우리 아라마크가 이번에 캐니시어스 대학의 거래를 따냈습니다. 그래서 나는 부서 이동과 관련해서 직원들과 면담을 하고 있었습니다. 그러다가 사라 헨리라는 여성을 만났는데, 자리에 앉자 그 여성이 나한테 'ARA요? 거기는 존 루터가 일하는 곳이 아닌

가요?'라고 물었어요. 그래서 내가 그렇다고 했더니 그 여성이 자기 지갑을 열어서 당신 사진이 실린 작은 신문 기사를 꺼내더군요. 그러더니 그 사진을 가리키며 말했습니다. '이 사람이 알고 있는 건 전부 제가 가르쳐 준 것들이에요.'라고 말예요."

존이 대답했다.

"그 여성 말이 맞다고 전해 줘요."

리더십에 대해 이야기할 때 존 루터는 다음과 같이 조언한다.

"지도자가 되기 위해서는 먼저 남을 따르는 법을 배워야 한다. 관계의 힘을 절대 과소평가하지 말라. 살아오면서 자기를 도와준 사람들을 결코 잊을 수 없다는 사실을 나는 알게 되었다."

남에게 어떤 기술을 가르쳐 줄 때 나 자신은 두 배로 배운다. 지식과 경험을 얻으면 그만한 보상이 온다. 그리고 지식과 경험을 함께 나누면 그 보상이 몇 배로 커져서 돌아온다.

동양의 격언에 이런 말이 있다.

'남의 일을 해결해 주는 사람은 자신의 일을 해결하는 것이다.'

'전문가expert'라는 단어는 라틴어 '엑스페리리experiri'에서 왔으며, '새로운 것을 시도하도록 돕는 사람'을 뜻한다.

전문가에게 길을 안내 받는 사람은 배우는 기간이 줄어든다. 진정한 코치는 자신보다는 자기가 코치하는 사람들의 성과에 중점을 둔다.

디팩 초프라(마음-몸의 의학을 비롯해 인간의 잠재력 분야에서 세계적으로 유명한 인도 출신의 영적 지도자)는 말했다.

"모든 사람은 삶에 목적을 가지고 있다. 저마다 타인들에게 베풀어야 할 고유한 재능이나 특별한 능력을 가지고 있다. 이 고유한 재능을 타인에 대한 봉사와 결합시킬 때 우리는 영혼의 환희와 큰 기쁨을 경험한다. 이것이 바로 모든 목적들의 궁극적 목적이다."

자기 자신의 목적지에 먼저 가까워지지 않고서는 다른 사람들을 그들이 원하는 목적지로 데려갈 수 없다.

아즈텍족의 단어 '올린'은 지진과 폭풍이 닥칠 때처럼
온 심장을 다해 행동하고 움직이는 것을 의미한다. 삶이란
우리에게 일어난 일이 아니라, 일어난 일을 가지고
우리가 무엇을 했는가이다.

열번째 단어

올린 – 온 심장을 다해 행동하기

Ollin

우리에게 필요한 것은 불빛이 아니라 불이다. 부드러운 비가 아니라 천둥이다. 우리에게는 폭풍과 회오리바람과 지진이 필요하다.

_프레데릭 더글라스

  지진이나 거대한 폭풍이 대지를 흔들 때 고대 아즈텍족(멕시코 고원의 원주민)은 그러한 힘을 한 단어로 표현했다.

"올린Ollin."

  이것은 아즈텍족의 달력과 콜럼버스가 아메리카 대륙을 발견하기 이전의 신성한 의식에서 사용되던 많은 도구들에서 발견되는 단어이다. 이 단어는 강력하고 즉각적인 움직임을 전달하는 깊은 의미를 가진 표현이다. 고대 나후아틀족(멕시코 남부와 중미 일부 지방의 원주민) 언어에서 유래한 '올린'은 심장을 의미하는 '욜로틀

yollotl'과 생명을 의미하는 '욜리스틀리yolistli'에서 나왔다. '올린'은 '지금 온 심장을 다해 행동하고 움직이는 것'을 의미한다. 삶에서 진정으로 자신의 길을 따르는 것을 의미한다. '올린'을 경험하기 위해서는 '올인(한 곳에 모든 것을 쏟아붓는 것)'해야 한다.

지진이 일어날 때, 그것은 온전히 목적의식을 갖고 움직이고 행동해야 할 때가 바로 지금임을 알려 준다.

아즈텍족은 사람들이 눈을 뜨고 좀 더 분명하게 볼 수 있게 하기 위해 얼굴 위로 심장이 나와 있는 모습을 상상했다. 자신의 길을 분명하게 볼 때 우리는 목적과 의도를 가지고 더 빠르게 움직인다. 온 심장을 다해 전념으로 나아간다. 아즈텍 족은 그것을 '올린하는 심장'이라고 불렀다. 그들은 모든 인간에게는 자신의 삶의 목적으로 이끌어 주는 신성한 길이 있다고 믿었다. 삶에서 해야 할 일을 발견하고 그 일에 자신의 전부를 바치는 것은 개인에게 달려 있다. 만일 모든 인간이 자신의 가슴(심장)을 뛰게 하는 목적을 발견한다면, 사회 전체가 '올린'을 발견할 수 있을 것이라고 그들은 믿었다. 그것은 단지 개인의 노력만이 아니었다. 그것은 공동의 노력이었다.

올린은, 단어는 신성하며 세상을 더 나은 곳으로 변화시키도록 우리에게 영감을 주는 힘을 가지고 있음을 확인시켜 준다.

다른 문화권에도 열정적인 행동과 '올인'하는 개념을 표현하는 비슷한 단어들이 있다. 나의 코칭 고객이자 세계 최고의 네트워크 마케터(소비자가 판매원이 되는 방식으로 제품을 제공하는 사람) 중 한 명인 켄튼 워싱턴은 헝가리어에도 비슷한 말로 '에지엔슈이Egyensuly'가 있다고 내게 가르쳐 주었다. 그 뜻은 '한 가지에 온 무게를 실어 집중한다'는 의미이다. 에지엔슈이는 당신이 하고 있는 일에 당신의 모든 힘을 쏟을 것을 요구한다. 그리고 그렇게 하지 않는다면 당신은 주저함과 게으름으로 인한 곤란에 처할 위험이 있다. 올린과 정반대인 무성의함과 열의 없음은 그 자체로 불이익을 당한다.

이따금 나는 단어 수업 시간에 '교수님을 당황하게 만들기'라고 부르는 게임에 아서를 끌어들이곤 했다. 규칙은 매우 간단했다. 내가 단어 하나를 말하는데, 만일 그 단어의 어원을 알지 못하면 아서가 지는 것이다.

3년 넘게 나는 이 게임에 성공하지 못하다가 내가 '올린'이라는 단어를 꺼낸 그날 마침내 아서를 당황시켰다.

아서는 입을 다물지 못하고 보기 드문 멍한 표정으로 나를 바라보았다.

내가 설명했다.

"이것은 아즈텍족의 단어입니다. 올인All in, 즉 모든 것을 쏟아붓는다는 뜻입니다."

그의 얼굴에 환한 미소가 번졌다. 그는 말했다.

"당신은 그 단어 하나로 나를 당황하게 하는 데 성공했군요!"

우리의 대화는 곧 올인의 의미로 옮겨 갔다. 아서는 그 단어를 '기회'라는 단어와 연결시키며 이내 본래의 모습으로 돌아왔다. '기회opportunity'의 어원은 도시나 상업의 장소로 물이 들어오는 입구라는 뜻의 '항구port'라고 그는 설명했다. 이전에는 조수와 바람의 상태가 적절해서 항구가 열렸을 때, 그것은 무역을 하거나 방문 또는 침략이나 정복의 기회였다. 그러나 항구가 열린 것을 인지하는 자만이 열린 항구를 이용할 수 있었다.

기회가 나타나기 전에 먼저 그 기회를 알아차리고 이용하지 않는다면 진정으로 올인할 수 없다고 아서는 신중하게 지적했다.

그런 유형의 행동은 정체되어 있지 않다. 그것은 정지해 있지 않다. 그것은 확고한 결의를 가지고 혼신의 힘을 쏟아부으며 앞으로 나아간다. '결의resolve'는 '풀다'를 의미하는 라틴어 '레솔베레resolvere'에서 유래했다. 우리는 한 가지 또는 그 이상의 물질이 풀어져 녹아 있는 액체를 설명할 때 '용액solvent'이라는 용어를 자주 사용한다. 결의, 진정한 결의가 우리 삶에서 이루는 것이 그것이다. 우리가 나아가는 길을 방해하는 것들은 흔들어 풀어 버리는 것이다. 목적이 있는 행동은 꾸물거림이라는 족쇄를 푼다. '꾸물거림procrastination'은 '앞으로'를 의미하는 라틴어 '프로pro'와 '내일'을 나타내는 라틴어 '크라스티누스crastinus'에서 파생되었다. 많은 이들의 경우, 삶을 좀먹는 이런 게으름은 어떻게든 자신이 앞으로 나아가리라고 믿도록 스스로를 속인다.

반면에 '나아감progress'은 한 번에 한 걸음씩 발을 내딛는 것이다. '프로pro'는 '앞으로'를 의미하고 '그레스gress'는 '움직이다'를 의미한다. 삶 속에서 '나아갈' 때 우리는 우리 자신의 여행에서도 앞으로 움직여 간다.

아서는 '교수님을 당황하게 만들기' 게임에서 계속 이기며 수업이 끝날 무렵 내게 윙크를 하며 말했다.

"케빈, 당신은 단어 실력에 있어서 정말로 앞으로 나아가기 시작했군요."

한때 나는 완벽하게 안전한 비행기에서 뛰어내린 적이 있다. 이코노미 점핑 스쿨에 가서 45달러를 내고 4시간 동안 훈련을 받으면 문이 없는 경비행기 세스나 172를 타고 3,000피트(약 900미터) 상공을 날다가 뛰어내릴 자격을 얻는다.

나는 친구 3명과 함께였다. 이윽고 비행기가 적정 고도에 이르자 우리 4명은 활짝 열린 문에서 가능한 멀리 떨어져 서로 바짝 붙어 있었다. 조종사는 왼쪽 좌석에 있었고, 점프 마스터(스카이다이빙을 지도하는 사람)는 입구에 쪼그리고 앉아 우리의 이름을 부를 준비를 했다. 내 차례가 되어 점프 마스터가 "케빈, 뛰어 내릴 시간입니다." 하고 말했을 때, 나는 나와 이름이 똑같은 친구 케빈을 앞으로 떠밀었다. 점프 마스터는 나를 가리키며 소리쳤다.

"아니, 당신이요. 얼굴 작고 둥근 사람!"

비행기 문 앞까지 간신히 걸어가서 저 아래 갈색과 녹색의 천 조각 같은 땅들을 내려다보는 순간, 그때 당신은 처음으로 깨닫는다. 점프를 할 수 있도록 그 땅들이 비행기를 멈추게 하지는 않을 것임을. 당신은 지금 시속 120킬로미터 속도로 날고 있다. 그리고 점프 마스터는 당신에게 신발 크기쯤 되는 철판 위에 두 발을 올려놓으라고 말한다. 그런 다음 당신은 앞으로 달려들어 날개 버팀대(비행기의 지붕으로부터 이어진 날개와 본체를 지지하는 기둥)를 잡아야 한다. 날개 버팀대 위에는 1미터쯤 밖으로 검은 선이 있다. 점프 마스터는 당신이 그 검은 선을 지나 밖으로 뛰어내려야 한다고 말한다. 그렇지 않으면 꼬리 부분에 부딪칠 위험이 있고, 당신이 비행기 꼬리에 부딪치면 매우 안 좋은 일이 일어나리라는 것은 우리 모두가 알고 있다.

그래서 나는 다리를 후들거리며 날개 버팀대를 꽉 움켜잡았다. 점프 마스터는 단 한 단어로 큰 소리로 명령했다.

"점프!"

훈련받는 동안 우리는, 점프 마스터가 '점프!'라고 말하면 즉시 날개 버팀대에서 손을 놓고 뛰어내려 등을 활처럼 뒤로 둥글게 만들어 아치arch 자세를 하고서 '아치 1000, 아치 2000, 아치 3000, 아치 4000' 이렇게 수를 세다가 아치 5000에 이르면 비행기와 연결된 자동 열림줄에 의해 낙하산이 펼쳐져야 한다고 교육

받았다.

 그러나 점프 마스터가 '점프!'라고 소리쳤을 때 나는 손을 놓기가 힘들었다. 사실 그 순간 나는 내가 비행기의 날개 가장자리에 매달린 채 비행기가 착륙하는 모습을 상상했다.

 내가 머뭇거리는 것을 눈치 챈 점프 마스터가 끝에 고무망치가 달린 긴 막대기를 집어 들려고 했다. 우리는 사전에 주의를 받았었다. 만일 우리가 몸이 얼어붙어 뛰어내리지 못하고 있으면 그가 우리의 손을 강하게 때려서 날개 버팀대를 놓도록 도와줄 것이라고. 그가 막대기에 손을 뻗어 집어 들려는 걸 본 나는 버팀대에서 손을 놓았다. 수를 세는 것은 잊어버렸다. '아치 1000'이라고 말하는 대신 단지 '아아아악으아아아악!'라는 소리만 내질렀다.

 그때였다. 마음을 비우고 온전히 자신이 여기에 온 목적에만 전념하는 순간, 격렬한 흥분과 두려움과 쾌감이 하나의 감정으로 몰려왔다. 정말 신나는 경험이었다. 그리고 불과 몇 초 뒤 운이 좋다면 낙하산이 펼쳐진다! 내 것도 그랬다. 갑자기 그것은 정말 해볼 만한 가치가 있는 일이 된다. 당신은 공중에 떠서 결코 본 적 없는 그토록 아름다운 땅을 내려다보고 있다. 착륙해야 할 장소를 보고, 낙하 각도를 측정하는 풍향계를 본다. 모든 것이 총천연색으로 선명하게 보인다. 당신은 방향을 바꾸는 데 필요한 낙하산에 붙은 토글을 본다. 나는 360도 정도로 조절했다. 그런 뒤 활강하며 안전하게 착륙했다. 잠시 뒤 세스나 기가 착륙하기 위해 왔다. 만일 내가 날개 버팀대를 손에서 놓지 못했다면 그 비행은 나와 비행기 모두에게 지금과는 전혀 달랐을 것이다. 매우 좋지 않은 방식으로.

오늘 할 수 있는 일을 내일로 미루는 것은 자연을 거스르는 일이다. 괴테는 이렇게 썼다.

"자연은 앞으로 나아가며 성장함에 있어 멈출 줄 모른다. 그래서 모든 게으름에는 자연의 저주가 붙는다."

『세상에서 가장 위대한 세일즈맨』에서 오그 만디노는 '나는 지금 행동할 것이다'라는 제목의 고대 두루마리 문서를 소개한다. 그것의 일부분은 다음과 같다.

'나를 망설이게 하는 주저함은 두려움에서 생긴다. 이제 나는 깨닫는다. 모든 용기 있는 가슴 저 깊은 곳에서 캐낸 이 비밀을. 이제 나는 안다. 두려움을 정복하기 위해서는 언제나 망설임 없이 행동해야 하며 그렇게 할 때 마음의 동요가 사라진다는 것을. 이제 나는 안다. 행동은 두려움이라는 사자를 평정이라는 개미로 바꿀 수 있다는 것을."

두려움은 종종 진짜처럼 보이는 거짓된 감정에 불과하다. '실패의 두려움'과 '성공의 두려움'은 각각 흔들림 없는 자세와 확고한 결의로 한 걸음씩 단호하게 내디딤으로써 극복할 수 있다.

결단력 있는 행동은 소극적인 게으름을 이긴다. 공자는 말했다.

"어디로 가든지 온 마음을 다해 가라."

개인적인 성공에 관한 것이라면 '올린'의 사상이 특별히 치유력이 있다. 만일 '올린'이 그 평가 기준이라면 마지막 결과가 어떻든 '이기는 것'이 가능하다.

세계적인 육상 선수 헨리 마쉬는 1984년 올림픽 때 그의 장기인 3,000미터 장애물 경주에서 강력한 금메달 후보였다. 그가 시상대의 가장 높은 자리에 서리라는 것은 정해진 사실이었다. 그가 경기 며칠 전 심한 바이러스에 감염되기 전까지는.

그 병은 그를 침대에 쓰러뜨렸고, 그는 올림픽 선수들의 금지 약물 목록에 있는 무엇인가를 복용하게 될까 봐 심지어 가장 약한 약물 치료조차 받을 수가 없었다. 침대에 누워 있는 것은 선수 생활 중 가장 큰 대회를 준비하는 좋은 방식이 결코 아니다.

헨리는 인생 대부분을 이 순간을 위해 훈련해 왔다. 그는 서른 살에 육상 선수로서 절정을 맞이했다. 3,000미터 장거리 장애물 경기에서 그는 세계 1위로 평가받았다. 그 경기는 트랙을 일곱 바퀴 반 돌며, 약 2마일(약 3킬로미터) 안에 있는 여러 개의 장벽과 허들과 물웅덩이를 넘어야 하는 경기이다. 올림픽 참가 자격을 주는 대회인 미국 선수권 대회에서 그는 7년 연속으로 우승하며 1등을 차지했다. 만일 누군가 올림픽에서 우승을 차지해야 한다면 그 사람은 단연 헨리 마쉬였다.

하지만 가장 그럴 것 같지 않은 시기에 그는 병으로 쓰러졌다.

그는 순전히 정신력으로 경기 시간에 임박해 침대에서 나와 두 차례의 예선전을 통과했다. 마침내 결승전에서 일곱 바퀴를 도는 동안 계속 메달권을 유지했지만 그는 마지막 직선 코스에서 뒤처지기 시작했다. 처음에는 케냐 선수가 그를 앞질렀고 다음에는 프랑스 선수가 옆을 지나갔으며, 마지막에는 결승선을 얼마 남기지 않고 동료 미국 선수가 그를 지나갔다. 헨리는 메달권 밖인 4등으로 들어왔으며 결승선을 통과하자마자 트랙 위에 쓰러져 의식을 잃었다. 긴급 의료진이 투입되어 그를 트랙에서 싣고 나갔다. 정신이 들어 다시 일어나기까지 30분 이상이 걸렸다.

나는 이 모든 일이 일어나고 몇 달 뒤 헨리를 만나 프랭클린 사에서 함께 일하게 되었다. 회사 내에서 그는 매우 긍정적인 사람으로 호평을 받았다. 그의 낙천주의는 전염성이 있었다. 우리는 가까운 친구가 되었고, 곧 나의 아이들은 그를 '헨리 삼촌'이라고 불렀다. 나는 그와 출장을 같이 가고 가족 휴가를 함께 보내고 점심시간에 운동을 함께한 개인적으로 좋은 추억들을 가지고 있다. 그는 사물의 밝은 면을 보는 경향이 있는, 우리가 원하는 그런 삼촌이었다. 올림픽 때 그에게 무슨 일이 일어났는지 자세한 내용을 들었을 때 나는 당연한 질문을 했다. 그렇게 엄청난 실망이 있고 나서도 어떻게 계속 긍정적일 수 있었는가?

나의 질문에 답하며 그는 나에게 나머지 이야기를 들려주었다. 결승전을 치르기 전에 그는 자기 자신과 대화를 나누며 약속했다. 만일 자신이 가진 모든 것을 경기에 쏟아붓는다면, 만일 거울 속의 자신을 보며 나는 어떤 것도 머뭇거리지 않았다고 진실로 인정할 수 있다면, 몇 등을 하든 자책하지 않겠노라고. 그는 병에 걸렸고 그것에 대해서는 아무것도 할 수가 없었다. 그가 자기 자신에게 요구한 전부는 완벽하게 전념하는 것이었다.

"나는 내 모든 것을 쏟아부은 것에 만족합니다."

결승선을 통과하자마자 쓰러졌던 그는 말했다.

그래서 그는 자책하기를 거부했고, 그를 좋은 뜻에서 위로해 주려는 사람들의 목소리에 동조하지 않았다. 그는 그 경기 뒤에 수천 장의 위문편지와 카드를 받았다. 왜냐하면 사람들은 그를 굉장한 불운아로 보았기 때문이다. 그러나 점수판의 결과와 상관없이 헨리에게 그 경기는 승리한 경기였다. 그는 경기에 참가했고 자신이 할 수 있는 모든 것을 쏟아부었다. 그는 '올린'을 실천했다. 일부 사람들이 패배라고 보는 것에 그는 신경 쓰지 않았다. 그 자신은 그것을 개인적인 승리로 보았다.

그런 태도는 다음 시즌 경기에서 큰 성과를 내었다. 헨리는 또 다른 미국 선수권 대회에서, 무엇보다 올림픽에서 그를 앞질러 동메달을 땄던 그 동료 선수를 앞질러 결승선을 통과하며 1위를 차지했다. 일부 사람들이 그의 '가장 큰 실망'이라 보았던 그 일이 지난 뒤 그는 1마일 경기를 4분 이내에 주파하는 개인의 목표를 달성하고 장애물 경주에서 20년 넘게 깨지지 않는 미국 신기록을 세우며 육상 선수로서 최고의 해를 맞이했다. 그의 긍정적인 태도와 자신의 전부를 다 바치는 습관은 그를 비즈니스 세계에서도 큰 성공으로 이끌었다. 나아가 그는 교육 담당자, 강사, 네트워크 마케팅 사업가로서도 탁월하다.

가장 중요하고 가장 감격적이고 가장 오래도록 남는 것은 개인적 승리이다. 그것은 점수판에 기록되거나 우리가 누구인지를 규정하는 텔레비전 뉴스에 방송되는 것이 아닌 내적인 승리이다. '올린'은 우승과 패배에 대한 관습적인 기준 대신 우리의 삶에서 성공을 결정하는 기준이다. '올린'을 성공의 정의로 여긴다면 모든 사람이 항상 이기는 것이 가능하다.

차에서 내려 바다를 향해 걸어가는 서퍼를 본 적이 있는가? 몇 안 되는 세계 최고의 파도타기 본고장인 캘리포니아의 샌클레멘테에 갔을 때 나는 해변으로 향하는 서퍼들을 지켜보는 것이 즐거웠다. 그들은 걷지 않는다. 그들은 빨리 걷지 않는다. 그들은 달린다. 아예 뛰어가고 뛰어오른다. 왜일까? 그 이유는 명백해 보인다. 그들은 빨리 바다로 가서 올인하고 싶기 때문이다. 그들이 바다에 다가가는 방식에는 망설임이나 주저함이 담겨 있지 않다. 그들은 물러서지 않는다. 물에 조심스레 다가가 발가락을 살짝 담그지 않는다. 그들은 매우 열정적이고 완전히 전념한다. 그들은 전형적으로 '올린'을 보여 준다.

나의 초창기 멘토 짐 뉴먼은 『브레이크를 풀어라 Release Your Brakes!』의 저자이며 인간의 성장과 잠재력 분야의 초기 선구자 중 한 사람이다. 그는 데니스 웨이틀리, 브라이언 트레이시, 스티븐 코비, 루 타이스, 잭 캔필드와 같이 유명한 사상가들과 함께 일하며 영향을 주었다. 그는 우리가 진실로 날아오를 수 있기 위해서는 겉보기에 안전하고 확실해 보이는 것을 놓아 버리는 것이 중요하다고 가르쳤다. 그는 우리가 자연히 이끌리고 계속 머물러 있으려고 하는 곳을 일컬어 '쾌적 범위'라고 정의했다.

우리 모두는 쾌적 범위를 가지고 있다. 우리 각자에게는 편안한 옷과 편안한 친구, 기분을 좋게 하는 음식이 있다. 당신은 포트럭 디너(각자 음식을 가져와 함께 먹는 파티)에서 누구의 음식을 먹는가? 아마도 자신의 음식일 것이다. 왜 그러는 것일까? 그 음식을 준비한 손을 알고, 어떤 맛인지 알고, 그 음식이 안전하다는 것을 알기 때문이다. 우리는 편한 옷을 입는다. 부드럽고 편안하기 때문이다. 잔디를 깎을 때면 나는 20년 전 하와이에서 산 옷을 입는다. 그 옷은 유행도 지났고 구멍이 난 데도 많지만 편안하고 익숙하게 느껴지기 때문에 잔디를 깎으면서 나는 행복한 사람이 된다. 우리는 위험하지 않고 안심이 되게 하는 친구들을 만나고 그들과 붙어 다니는 것에 만족해하며, 새 친구를 만드는 데 요구되는 위험을 피한다.

그러나 짐 뉴먼의 가르침에 따르면, 의미 있고 중요한 삶에서 우리가 원하고 추구하는 많은 것들은 바로 우리의 쾌적 범위 경계선 너머에 있다. 만일 우리가 '저 밖'으로 모험을 하려 하지 않는다면 우리는 결코 자신이 진정으로 갈망하는 것을 찾을 수 없을 것이다. 결코 완전한 목적을 이룰 수 없다. 우리의 목표와 꿈에 이르기 위해, 삶을 다채롭게 경험하기 위해, 꿈꾸고 바라던 높이까지 날아오르기 위해 우리는 자신의 쾌적 범위를 넓혀야만 한다. 편안해질 때까지 불편한 일들을 기꺼이 감수해야 한다. 내가 스카이다이빙을 하기 위해 탄 비행기는 나를 매우 불편하게 만들었고, 하늘 높이 올라갈수록 점점 더 불편해졌다. 그러나 그 비행기에서 기꺼이 뛰어내린 바로 그 순간 나는 비행기의 안전한 범위 안에 머물러 있었으면 절대 발견할 수 없었을 새로운 지평을 발견하고 성취감을 경험할 수 있었다.

올인함으로써 도달하고 발휘하고 확장하고 도약한다. 망설이거나 흔들리지 않는다. 곧바로 뛰어들고 행동에 몰두한다.

'올린'을 실천하고 자신의 쾌적 범위를 넓히는 사람은 삶에 방관자로 다가가지 않는다. 그들은 사이드라인에서 경기장 안으로 뛰어들어 적극적으로 경기를 한다. 그들은 자신의 삶을 지휘한다. 자신을 외부 환경에 따라 달라지는 온도계로 보는 대신, 자신을 둘러싸고 있는 환경을 조절하고 통제할 수 있는 온도조절장치로 본다. 그들은 미국 시인 엘라 휠러 윌콕스가 한 말대로 산다.

"단호한 영혼의 확고한 결심을 피해 가거나, 방해하거나, 통제할 수 있는 기회, 운명, 숙명은 없다."

올인한다는 것은 때로 온 힘을 다한다는 의미이다. 그것은 자신을 계속 감금하는 병적인 측면에서 빠져나오는 것을 의미한다. 통제할 수 없는 것처럼 보이더라도 확고하고 흔들림 없는 결심으로 자신의 삶을 스스로 통제하는 것을 의미한다.

회복력 강한 나의 친구 줄리아 스튜어트보다 더 온 힘을 다하는 모습을 보여 줄 사람은 없을 것이다. 그녀는 부모의 수그러들지 않는 싸움으로 인해 적대적인 환경에서 자랐다. 상황을 바로잡아 보려는 그녀의 거듭된 시도는 소용이 없었고, 집으로 경찰이 찾아오는 것이 일상이 되었다. 한때 피난처가 되어 주었던 학교는 그녀에게 아픔과 수치심을 주는 소문의 근원지가 되었다.

가정생활이 더욱 폭력적이 되어 견딜 수 없게 되자 그녀는 누군가가 죽기 전에 과감한 일을 하기로 결심했다. 달아나야만 하는 지진 같은 대혼란이 그녀 주위에 널려 있어서 어느 늦은 밤, 그녀는 버스를 타고 집을 떠났다. 3일 동안 자기 성찰의 시간을 가진 뒤 그녀는 문제에 대해 더 분명해진 생각을 가지고 돌아왔고, 다행스럽게도 그녀는 주위에 도움을 호소했다.

어리고 쉽게 외부의 영향에 휘둘릴 나이였음에도 불구하고 줄리아는 환경이 자신의 삶을 지배하지 못하게 하기로 결심했다. 비참해하고 피해 의식에 빠져 사는 것과 작별하기로 단호히 마음먹었다. 왜냐하면 자신의 마음 깊은 곳에서 더 좋은 길이 분명히 있음을 알았기 때문이다. 그 결심이 그녀의 인생행로를 바꾸어 놓았다. 그녀는 다시 학교로 돌아가 고등학교를 마쳤다. 그리고 동네 팬케이크 가게에서 점원으로 일하며 고학으로 대학을 다녔다. 대학 졸업 후에는 레스토랑 일로 돌아와 한 단계씩 경력을 쌓으며 마침내는 그 분야에서 가장 존경받고 높이 평가받는 중역 간부가 되었다.

줄리아는 현재, 처음 그녀를 고용했던 작은 팬케이크 가게를 포함해 세계에서 가장 큰 패밀리 레스토랑 체인인 애플비의 본사 아이홉의 CEO이다. 그녀의 리더십 스타일은 전설적이다. 그녀는 직원들의 요구를 예리하게 인식하고 즉각 대응한다. 삶이란 우리에게 일어난 일이 아니라, 일어난 일을 가지고 우리가 무엇을 했는가임을 그녀는 안다.

'올린'은 출구이다. 약물 남용이나 중독, 비만, 부채는 스스로 그것에서 벗어나지 않으면 극복할 수 없다. 한 번에 조금씩 할 수 있는 일이 아니다. 온 힘을 다해서 해야만 한다. 그것이 무엇이든 간에 일단 자신이 가고자 하는 방향을 결정했다면 온 심장을, 온 힘을, 온 정신을 쏟아야 한다.

'올린'은 시간제로 하는 것이 아니다. 그것은 이따금씩, 또는 편할 때 하는 것이 아니다. '올린'은 삶에서 날마다 실천하는 것이다. 그것은 습관, 즉 놀랄 만한 보상을 가져다주는 생활습관이다. 내가 단어의 대가로부터 배운 바에 의하면 '습관habit'은 라틴어 '드레스dress'에서 유래되었다. 습관은 단순히 당신이 행한 것이 아니라 당신이 갖고 있거나 소유하고 있는 것, 당신이 매일 입고 있는 것이다.

내가 산책을 즐겨하고 열정적인 서퍼들을 구경하던 그 해변 길에서, 어느 날 나는 모퉁이를 돌다가 하마터면 휴대폰의 긴급전화 911 버튼을 누를 뻔한 적이 있다. 한 마약상이 시신을 버리는 것이라고 나는 생각했다.

바닷물이 모래사장과 만나는 지점에서 믿을 수 없는 광경이 벌어지고 있었다. 한 남자가 한 여자를 휠체어에서 끌어내 물속으로 밀어 넣더니 빈 휠체어를 끌고 해변으로 올라오는 것이었다. 그러나 내가 뭔가 하려고 손을 쓰기 전에 그 남자는 다시 물속에 있는 여자에게로 달려갔고, 그들은 함께 물살을 타고 수영을 하기 시작했다. 그들이 400미터 정도 떨어진 샌클레멘테 부두 끝을 향해 헤엄쳐 가는 모습을 나는 완전히 넋을 잃고 바라보았다. 가끔씩 햇빛을 반사하며 물 밖으로 나오는 그들의 오리발을 볼 수 있었다.

나는 시간이 얼마나 걸릴지도 알지 못한 채 그들을 만나기 위해 그들이 해안가로 돌아올 때까지 기다리기로 결심했다. 두 사람이 물결을 가르며 부두 끝까지 갔다가 돌아오는 데 한 시간이 넘게 걸렸다. 그들은 힘 있으면서도 차분하게, 서두를 것 없다는 듯 수영을 했다.

마침내 그들이 해변으로 돌아왔다. 그리고 나는 다시 그 남자가 모래사장으로 재빨리 달려가 휠체어를 끌고 막 수영을 마친 여자가 있는 물가로 가는 것을 관찰했다. 그런 다음 그는 그녀를 물속에 내려놓았을 때처럼 능숙하게 다시 휠체어에 앉을 수 있게 도와주었다. 그는 그녀를 태운 휠체어를 밀고 해변의 산책길 쪽으로 향했다. 나는 그들에게 다가가 내 소개를 한뒤 마침내 그들의 이야기를 들을 기회를 갖게 되었다.

그들은 리처드와 메리라고 자신들을 소개하며 거의 매일 수영을 하러 그 길게 펼쳐진 해변으로 온다고 말했다. 메리가 휠체어를 타게 된 이유, 그리고 다소 기이한 모습으로 바다 속에 들어가는 이유는, 그녀가 20년 전 면역체계를 공격해서 근육을 점점 무력하게 만드는 질환인 다발성경화증에 걸렸기 때문이라고 그들은 설명했다.

그러나 메리는 잘 걸을 수는 없었지만 물에 뜨는 건 잘할 수 있었다. 언제나 수영을 즐겼었기 때문에 그것이 그녀가 선택한 운동이었다. 바다에서는 다발성경화증도 그녀를 막을 수 없었다. 힘든 점은 물속으로 들어가는 일이었다. 그 부분이 리처드가 관여하는 지점이었다. 그는 메리의 수상택시였다. 그와 메리는 지난 10년 동안 그 해안으로 수영을 하러 왔고, 그는 능숙하게 그녀를 안전한 깊이의 물속에 내려놓은 뒤 휠체어를 재빨리 해안가에 밀어 올려 놓고 돌아와 그녀와 함께 수영을 해서 부두를 돌아오는 방법을 터득했다고 그는 말했다. 그는 그 보기 드문 바다 입수 장면을 목격한 사람이 내가 처음은 아니라고 했다.

리처드와 메리에게 바다에서의 수영은 그들 삶의 중요한 부분이 되었다. 수영은 그녀의 몸이 계속 움직이게 만들었고 다발성경화증 진행을 억제시켜 주었으며 힘이 나게 해 주었다고 그녀는 말했다. 또한 수영은 리처드가 사랑하는 여인과 늘 접촉할 수 있게 했고, 그에게도 역시 필요한 운동이 되었다.

단지 삶의 파도가 그들을 덮쳤다는 이유만으로 그들이 안전한 집으로 도피해 커튼을 내리고 침대에 꼼짝 않고 몸을 웅크리고 있어야 하는 것을 의미하는 것은 아니었다. 그들은 희생자가 되지 않았다. 그들은 자기 연민에 굴복하지 않았다. 메리가 말했다.

"나는 하루 종일 집에만 있으면서 밤까지 울다가 잠들 수도 있었어요. 그러나 나는 우리 각자가 할 일을 가지고 있다고 믿어요. 그래서 나는 이 질병 때문에 나의 할 일을 이루는 것을 단념해서는 안 된다고 생각했어요."

다발성경화증의 도전에 대한 메리와 리처드의 대응은 포기가 아니었다. 그것은 전보다 더 완전히 뛰어드는 것이었다. 그들은 방관자가 되기를 거부했다. 매일 수영을 끝내고 난 그들의 상기된 얼굴에는 오직 완전히 몰입하는 사람들에게만 나타나는, 삶의 만족감과 충만감이 드러나 있었다.

'올린'과 '열정'이라는 말은 동전의 양면과 같다. 그 둘은 단단히 연결되어 있는 동반자이다. 함께 있을 때 그들은 엄청난 결과를 낳는다. 우리가 무언가를 위해 기꺼이 고통을 겪으려 하고 동시에 기꺼이 행동하겠다고 결심할 때 세상은 열린다. 고대 아즈텍족이 알았던 것처럼 지진이 일어날 때 당신은 움직여야 하고, 지금이 바로 그때이다. 당신은 '올린'해야 한다.

올인한다는 것은 온전히 전념하는 것을 의미한다. '올린'은 시간제로 하거나 단지 하고 싶을 때만 하는 것이 아니다.

도로시아 브랜디(미국의 작가이며 편집자)는 썼다.

"무력감과 좌절감의 주문을 깨는 데 필요한 전부는 이것이다. 실패하는 것이 불가능한 것처럼 행동하라. 그것은 실패를 반대 방향으로 돌려 성공으로 향하게 하는 부적이자 공식이며 강력한 명령이다."

'매그넘magnum'은 '위대한'이라는 의미의 라틴어이다. 그리고 '오푸스opus'는 '작품'을 뜻한다. 나의 위대한 작품, 즉 나의 매그넘 오푸스는 무엇인가?

위대한 작품을 완성하기 위해서는 온 마음을 다해 뛰어들어야 한다. 그것을 이루기 위해 매일 다섯 가지의 긍정적인 일을 실천함으로써 우리는 우리의 목표에 도달할 수 있다. 하루에 다섯 번씩 나무에 도끼질을 한다고 상상해 보라. 나무가 아무리 크고 단단해도 그 나무는 결국 넘어갈 것이다.

   실패가 불가능할 것처럼 행동할 때 보이지 않는 힘이 도와주러 온다. 그리고 그때 아즈텍족이 '올린하는 심장'이라고 부른 것이 발달한다.

로마의 부도덕한 조각공들은 조각품의 갈라진 틈에 밀랍을
발라 결함을 숨겼다. 그래서 진정한 장인들은 자신의 작품에
'시네 케라'라고 새겨 넣어 그것이 진품임을 보증했다.
'시네'는 '없다'는 뜻이고 '케라'는 밀랍을 의미한다. 여기서
'진정하다sincere'라는 단어가 나왔다.

열한번째 단어

진실성 – 온전하고 손상을 입지 않은
Integrity

진실성 있는 삶은 약속을 지키는 것에서부터 시작하며, 한 인간의 성품과 분별력, 생각과 감정과 통찰력이 궁극적으로 하나가 되어 조화가 이루어질 때 완성이 된다.

_스티븐 코비

내가 주방에서 가스레인지 위에 오트밀이 담긴 냄비를 올려놓았을 때, 내 방에서 전화벨이 울렸다. 전화를 받고 돌아오자 오트밀은 타버렸고 냄비도 새까맣게 그을려 있었다. 11살짜리 내 딸 샤르완은 그날 설거지 담당이었기 때문에 곤혹스러운 눈빛으로 나를 쳐다보았다. 나는 딸에게 말했다.

"냄비 걱정은 하지 마라. 내가 태웠으니까 내가 닦을게. 먼저 다른 그릇들이나 설거지해라. 냄비는 오늘 밤까지 내가 꼭 책임지고 닦을게."

다음 날 아침 샤르완이 당황스런 눈빛으로 새까맣게 그을린 냄비를 들고 내 방으로 들어왔다. 샤르완이 말했다.

"아빠, 이 냄비 깨끗하게 닦겠다고 약속하셨잖아요. 아빠는 말에 대한 책을 쓰면서 아빠가 약속한 말은 지키지 않으시네요."

딸아이의 비난은 나를 뜨끔하게 만들었다. 악의 없는 솔직한 비난이었다. 내가 경솔하게 무엇인가를 약속했다가 다른 사람을 실망시킨 일이 얼마나 많은가 하는 생각이 들었다. 나는 그 즉시 사과하고 냄비를 닦았다. 그다음 날로 미루지 않았다. 현행범으로 붙잡힌 어느 아버지라도 했을 일을 나는 했다. 나는 벌떡 일어나 냄비를 닦았고, 다음부터는 내가 한 말을 지키겠다고 다짐했다.

분명 나는 나의 진실성을 위해 노력할 필요가 있었다.

'진실성'보다 더 깊은 의미를 담고 있는 단어는 많지 않다. 그 단어에 대한 현대의 일반적 정의는 일종의 정직하고 강한 도덕적 신념을 갖는 것이지만, 그 단어의 어원은 그보다 훨씬 더 깊이 들어간다. '진실성integrity'은, 초등수학이 떠오르겠지만 '정수 whole number(0을 포함한, 소수나 분수가 아닌 수)'를 나타내는 라틴어 '인테게르integer'에서 유래한다. '인테게르'는 '온전한, 손상을 입지 않은'의 뜻이다. 우리의 말이 진실하다는 것은 우리의 말이 전체적이고 완전하다는 것을 의미한다. 단지 우리의 말의 일부만

이 아닌, 우리의 말의 몇 분의 일, 3분의 2, 4분의 3 혹은 10분의 9가 아닌 '전체'. 우리의 말에 대해 전체적이고 완전하다는 것은 100퍼센트 시간 동안 그 말의 100퍼센트를 사는 것을 수반한다.

진실성은 인간이 가진 모든 특성 중에서 가장 드문 것이다. 그것은 쉽게 얻어지거나 유지되지 않는다. 그것은 삶에 놀라운 가치를 가져다주는 특성이다. 인간이 받을 수 있는 최고의 찬사 중 하나는 '완전한 진실성을 갖춘 사람'이라 불리는 것이다.

로마 시대의 부도덕한 조각공들은 조각품의 갈라진 틈에 밀랍을 발라서 금이 가지 않은 것처럼 보이게 함으로써 자기 작품의 결함을 숨기려고 했다. 하지만 밀랍이 녹거나 벗겨져 작품과 조각공의 결함이 드러나는 것은 시간문제였다. 진정한 장인들은 자신의 작품마다 라틴어 '시네 케라'를 새겨 넣음으로써 자신의 예술 작품이 진품임을 보증했다. '시네 Sine'는 '없다'를 의미하고 '케라 Cera'는 밀랍을 의미한다. '진정한 sincere' 조각가는 밀랍 없이 만드는 사람이었다. 이 진품 확인 표시는 고객들에게 자신들의 구매품에 대한 신뢰감을 심어 주었다.

우리가 자기 자신을 편안하게 느낄 때, 자신이 아닌 다른 사람에 대한 불편한 느낌도 사라진다. 우리가 자기 자신이나 타인과 한 약속을 존중할 때 우리는 우주 만물과 하나가 된다. 자신이 한 말과 하나가 될 때 풍요와 성취의 삶을 창조한다. 자신의 말과 하나가 될 때 우리는 세상과 하나가 된다. 셰익스피어의 말은 시대를 초월해 울림을 갖는다.

"그 무엇보다 너 자신에게 진실하라. 그러면 밤이 낮을 따르듯 어느 누구에게도 거짓됨이 없을 것이다."

헛되이 자기 자신을 속이려 할 때 우리는 자신을 위태롭고 복잡하게 만들고, 그렇게 함으로써 우리가 본래 될 수 있는 존재에 비해 아주 미미한 부분적인 존재가 되어 버린다.

진실성은 전체적인 삶을 의미한다. 그것은 우리의 삶 속으로 단순함과 조화라는 축복을 가져다주는 완전성이다. '축복한다'는 것은 '신성하게 만드는 것'이다. 우리가 전체적일 때 우리의 길은 신성하고 성스러운 길이 된다. 우리가 전체적이지 않을 때 우리의 길은 공허한 길이 된다. '공허hollow'는 '전체whole'라는 단어의 첫 글자를 빼면 남는 부분인 '구멍hole'에서 나왔다. 공허는 또한 우리가 진정한 우리 자신의 일부분만 선택할 때 갖게 되는 우리의 모습이다.

내 인생에서 만난 진정한 거인 중 한 사람은 나의 보이스카우트 단장이었던 레스터 레이 프리먼이다. 그는 키가 겨우 152센티미터 정도였고, 심지어 내가 보이스카우트를 하던 12살 때에도 그보다 훨씬 컸지만 그는 내 삶에 단순한 자로는 잴 수 없는 크나큰 영향을 미쳤다.

프리먼 단장은 내가 최초로 참가한 자기 계발 세미나의 교사였다. 그것은 호텔 연회장이나 기업의 회의실에서 열린 행사가 아니었다. 그가 좋아하는 무대인 대자연속에서 진행되었다. 그는 자연의 힘에 노출되었을 때 나 자신을 돌보며 살아남는 법을 보여 주었다. 목표를 정하는 법, 목표를 향해 가는 법, 내 꿈의 방향으로 난 길을 따라 걷는 법, 그리고 다른 이들도 그렇게 하도록 돕는 법을 나에게 가르쳐주었다. 무엇보다도 그는 현재의 자기 자신과 타고난 자기 모습에 만족하는 법을 분명하게 보여주었다.

프리먼 단장은 불균형한 팔다리를 갖고 태어났다. 유전적 원인으로 인해 그의 팔다리뼈가 정상인보다 더 짧고 두꺼웠다. 그 결과 키가 자라지 못했다. 어렸을 때 그는 자주 손가락질과 놀림의 대상이 되었다. 그래서 그는 종종 자연에서 도피처를 찾곤 했다. 소년이었을 때는 매년 여름 양치기 아버지와 함께 산속에 머무르곤 했다. 그는 점점 더 야외를 좋아하게 되었다. 넓게 트인 공간이 그의 정신을 새롭게 해주고 자존감을 회복시켜 주었기 때문이다. 그는 존 버로스(미국의 수필가이며 자연주의자)의 가장 핵심적인 말처럼 살았다.

"나는 위로받고 치유받기 위해, 그리고 나의 감각을 가다듬기 위해 자연으로 간다."

그는 버로스가 관찰한 것처럼 대자연은 설교보다 더 많은 것을 가르쳐준다는 사실을 배웠다. 그리고 깊은 관찰을 통해 자연의 모든 창조물들은 독특하게 서로 달라서 똑같은 모습이 하나도 없다는 것을 깨달았다. 그가 양떼를 따라 자연 속을 통과해 갈 때 자연도 그를 통과해 갔다. 소속감과 무조건적인 받아들임이 그의 영혼을 적셨다. 그는 산속의 안식처에서 자연은 어느 한 사람도 거부하지 않는다는 것을 알았고, 이러한 자각이 그의 본래 자아를 발견하게 하고 그가 되어야 할 존재가 되게 했다.

그의 매년 하는 숲 순례는 그가 우리의 스카우트 단장이 된 뒤에도 계속되었다. 대자연의 손길이 주는 치유의 혜택을 잘 알고 있었기 때문이다. 그는 야외로 나가는 것이 사실 우리 각자가 내면으로 들어가도록 돕는다는 것을 알고 있었다. 그가 혼자만의 고독한 순간들 속에서 자기 자신을 발견했듯이 우리도 마찬가지로 우리 자신을 발견할 수 있다.

프리먼 단장은 우리 스카우트 대원들을 하나의 인격체로 더없는 존중심을 가지고 대해 주었기에 우리 모두는 그의 키가 마치 3미터가 넘는 것처럼 그를 우러러보았다.

당시 그는 제철소에서 벽돌공으로 일했다. 그의 짧고 근육질인 팔뚝은 내가 지금까지 본 어느 남자의 팔보다 강했다. 그의 동료들이 그를 '땅딸보'라고 부르면 그는 앙심을 품지 않고 그 부름에 대답했다.

나는 그가 우리에게 해 준 말을 아직도 기억한다.

"너희들은 자신이 갖고 있는 것으로 살게 된다. 자신이 갖고 있지 않은 것에 대해 울고 소리쳐 봐야 소용없는 일이다. 그건 아무런 도움이 안 된다."

그는 또 이렇게 말하곤 했다.

"나는 긴 다리를 갖고 있지 않다. 그게 무슨 대수인가?"

그는 자신이 제철소에서 안전모에 흠이나 긁힌 자국이 없는 유일한 사나이라고 웃으며 말하곤 했다.

그는 우리에게 말했다.

"너희 자신이 되어라. 다른 누군가가 되려고 애쓰지 마라. 그런 마음을 내려놓아라. 나는 결코 나 자신이 아닌 다른 누군가가 되려고 하지 않았다."

프리먼 단장은 나와 우리 대대의 모든 스카우트 대원들을 위해 항상 우리보다 더 높이 막대기를 들었다. 그는 내가 더 많은 것을 할 수 있고 더 많이 될 수 있다고 가르쳤다. 그는 어디선가 보이스카우트 협회가 매년 미국에서 상위 50위에 드는 보이스카우트 대대의 순위를 매긴다는 것을 읽었다. 그는 만일 우리가 절실히 원한다면 그 목록에 오를 수 있다고 말했다. 그리고 1년 뒤 우리 부적응자들이 모인 작은 무리는 미국 전체에서 47위 대대에 선정되었다.

나는 25년 이상을 그와 연락이 끊어졌다. 그 사이에 나는 사회생활을 시작했고 가정을 이루었다. 어느 날 나의 삶에 가장 큰 영향을 준 사람들을 생각해 보니 그의 이름이 맨 처음으로 떠올랐다. 그가 아직 살아 있는지, 그를 찾을 수나 있을지 궁금했다. 나는 그가 살던 지역의 전화국에 연락을 했다. 그의 전화번호를 받자마자 곧바로 그에게 전화를 걸었고, 자동응답기가 받아서 메시지를 남겼다. 다음 날, 내 아내가 휴대폰을 들고 내게 전속력으로 달려와 숨을 가쁘게 쉬며 말했다.

"스카우트 단장님 전화에요. 당신이 지난 20년 동안 나한테 말해 온 그분이에요."

나는 얼른 전화기를 귀에 댈 수가 없었다. 심장이 목까지 올라온 것처럼 쿵쿵대서 잠시 목청을 가다듬어야 했다. 그런 다음, 내가 할 수 없을 것이라고 생각했던 것들을 할 수 있다고 가르쳐 준 그분에게 인사를 했다.

수화기 건너편에서 프리먼 단장의 호탕하고 우렁찬 목소리가 들려왔다.

"케빈 홀! 아니 대체 이게 얼마만인가! 어떻게 지내나?"

나는 답했다.

"아주 잘 지내고 있습니다, 단장님. 전화해 주셔서 정말 기쁩니다. 단장님을 다시 찾기까지 참 오랜 시간이 걸렸어요. 지금은 어디에 사십니까?"

프리먼 단장이 큰 소리로 웃으며 대답했다.

"나야 항상 내가 있던 바로 이곳에 있지. 지난 45년 동안 살았던 같은 동네, 같은 집에 말이야!"

옛날의 그 프리먼 단장이었다. 진짜 프리먼 단장. 그는 조금도 변하지 않았다. 그는 자신이 누구이며 어디에 있는지 잘 알고 있었다.

우리는 그의 집에서 만나기로 약속을 정했다. 며칠 뒤 그의 집 근처에 이르자 나는 이전에 수백 번 넘게 자전거를 타거나 걸어서 지나가던 똑같은 그 길을 지나가고 있다는 것을 알았다. 오래된 익숙한 감정들이 밀려왔다. 내가 이글 스카우트(미국의 보이스카우트 중 극소수만 선발되는 최고 등급. 응급처치, 수영, 캠핑 등 21개 이상의 공훈 배지를 받고 심사를 거침)가 되기 위해 필요한 기술들을 배우느라 셀 수 없이 많은 시간을 보냈던 곳이 바로 여기, 프리먼 단장의 집이었다. 자갈이 깔린 진입로를 걷는 동안 많은 추억들이 떠올랐다. 내가 필수 종목인 장거리 수영을 하다 온몸이 얼 경우에 대비해 내 옆에서 보트를 타던 프리먼 단장, 우리가 무사한지 확인하려고 밤마다 우리의 텐트를 점검하던 프리먼 단장, 높은 산속 야영지에서 내가 트럭 문에 손을 찧고 거의 쇼크 상태가 되었을 때 나를 돌봐주던 프리먼 단장이 생각났다.

50년을 함께한 그의 아내가 현관문에서 나를 환영하며 안으로 안내했다. 아담한 집 안으로 들어서자 갑자기 내가 어렸을 때와 비교해서 집이 너무 작게 보인다는 생각이 들었다. 여전히 전설적인 프리먼 단장이 건장한 손에 무엇인가를 들고서 구석에 앉아 있었다. 그는 일어서서 나와 힘껏 악수를 했다. 그리고 활짝 웃으며 자신이 나무를 깎아서 만든 아름다운 자연 조각 작품을 나에게 내밀었다. 소년들의 거친 면을 조심스럽게 깎아내어 훌륭한 인격을 만드는 법을 알았던 그 사람이 이제는 굵고 거친 나무 뭉치에 똑같은 작업을 하고 있다는 것은 얼마나 잘 어울리는 일인가, 나는 생각했다.

그가 눈을 반짝이며 말했다.

"이걸 받게, 케빈. 자네를 위한 거야."

나는 사양했다.

"아닙니다. 저는 받을 수 없어요. 조각하느라 분명히 오랜 시간이 걸렸을 텐데요."

그는 머리를 뒤로 젖히며 껄껄대고 웃었다.

"나한테 있는 건 시간뿐이라네. 내가 정말 줄 수 있는 건 이것이 전부야. 자, 이걸 받게. 안 그러면 내 마음이 아플 거야."

나는 황송하게 그 선물을 받은 뒤, 그가 자신의 두 손으로 하나하나 지은 집의 예스러운 거실에 있는 장작 난로 옆 안락의자에 앉았다. 우리는 함께 그가 스카우트 단장으로서 20년 이상 지낸 세월을 회상했다. 나는 그가 어떻게 덤불 뒤에 숨어서 우리에게 겁을 줬는지, 그리고 어떻게 우리에게 물을 쏘아대고 곰처럼 으르렁대며 아침에 우리를 깨웠는지 기억나게 했다.

그가 항변했다.

"그건 내 잘못이 아냐. 나는 한 번도 내가 철들었다고 생각한 적이 없어."

그는 나에게 사무실 겸용으로 쓰고 있는 작은 방으로 가자고 손짓했다. 그곳에서 책상 서랍을 열더니 그가 말했다.

"나의 스카우트 대대를 거쳐 간 모든 대원들의 서류들이다."

나는 믿을 수가 없었다.

"뭐라고요? 단장님의 대대를 거쳐 간 대원이 수백 명이었어요. 그런데 그 모든 아이들의 서류를 갖고 있다고요?"

그가 대답했다.

"모든 대원들의 서류를 갖고 있지. 나는 대원들 개개인의 목표와 발전과 의미 있는 중요한 사건들을 전부 기록해 두었어."

그는 서류더미 속 뒤로 손을 뻗어 한 서류철을 꺼냈다.

"케빈, 여기 너의 서류가 있다."

그 안에는 내 어린 시절의 모습이 있었다. 레이 프리먼 단장이 모든 단계마다 나와 함께 있었다는 실증적 증거가 그곳에 있었다. 그는 내가 누구인지, 내가 어디로 가야 하는지, 내가 무엇을 해야 하는지 알았다. 그는 최고의 길잡이였다. 그는 20년의 재직 동안 그 어떤 스카우트 단장에게도 놀라운 숫자인 50여 명이 넘는 소년들이 이글 스카우트가 되는 것을 보았다.

레이 프리먼은 내가 보이스카우트 대원이었을 때 진실성에 대해 알아야 할 모든 것을 가르쳐 주었다. 그는 나에게 협동에 대해, 자기가 한 약속을 지키는 것에 대해, 준비가 되는 것에 대해, 함께 문제를 해결하고 혁신하는 것에 대해 가르쳤다.

내가 프리먼 단장의 집에서 나와 차에 타자, 그가 현관에서 손을 흔들었다. 키가 30센티미터나 더 큰 그의 아내가 그의 뒤에 서 있었다. 그리고 어렸을 때 그랬듯이 나는 프리먼 단장의 키를 보고는 다시금 놀랐다. 언제나 그랬다. 그와 5분간 이야기를 해 보면 그가 보통 사람들처럼 키가 큰 사람이 아니라는 사실을 전혀 알아차릴 수 없을 것이다. 그는 크게 느껴지는 사람이었다.

내가 알고 있는 가장 완벽한 사람을 나는 마지막으로 한 번 더 바라보았고, 겉으로 보이는 그대로가 그 존재와 똑같은 진실한 사람에 대해 다시금 생각하게 되었다. 그는 전체적이고, 진짜이며, 온전하다. 그는 진실하다. 그가 주위의 모든 사람들에게서 완전함을 볼 수 있었다는 것은 전혀 놀랄 일이 아니었다.

오스카 와일드가 그것을 가장 잘 표현했다.

"자기 자신이 되라. 다른 사람의 자리는 이미 다 찼다."

보이스카우트의 좌우명은 '준비하라'이다. 프랑스어에도 '미쟝 플라스mise en place'라는 비슷한 표현이 있다. '모든 것을 제자리에 놓다'라는 뜻이다. 프랑스 요리사는 중요한 요리를 만들기 위해 준비할 때, 먼저 필요한 요리 재료들과 조리 도구들을 모두 갖출 때까지 요리를 시작하지 않는다. 완벽한 주방은 양념, 용도에 맞는 칼, 조리 도구, 계량컵들이 정리되어 있는 곳이다. 그들은 절대 즉흥적으로 하지 않는다. 모든 것이 알맞게 계량되어지고 적절한 순서대로 정리가 되어서 요리를 시작할 시간이 되어야 요리할 준비가 된 것이다. 그들은 모든 요소들의 중요성을 알고 있어서 무엇인가를 빠뜨리면 어떻게 음식을 망치는지 알고 있다.

삶에서 우리 자신이나 우리가 사용해야 할 것들이 제자리에 있지 않으면 문제가 시작된다. 준비에 실패할 때 우리는 실패를 준비한다. 도중까지만 가고, 대충 하고, 또는 어떤 부분이 누락되었거나 아니면 그 부분을 빼 버린 것을 알고 있는데 그냥 지나가려고 하는 것은 실패하기 위해 준비하는 것이다.

정말로 시간을 절약해 주는 지름길이 얼마나 많은가? 그럼에도 불구하고 세상은 추상적인 약속과 지름길들로 가득하다. 나는 잡지 가판대를 지나가면서 이런 제목들을 보았다. '3개월 안에 빚 청산!' '단 12일 만에 뱃살 빼기!' '최고의 미인이 되는 10일 계획!' '건강과 에너지를 위한 1시간!' '빨리 부자 되기!' 한 골프 잡지는 이렇게 약속한다. '10초 만에 슬라이스(골프공이 앞으로 가는 대신 방향이 바뀌는 샷) 고치기!' 이러한 말초적 공해는 어디에서나 빠른 해결책을 광고하고 순간의 만족을 외쳐 댄다. 이것은 단순하고 분명한, 침묵 속 자연의 가르침을 들리지 않게 한다. 자연은 지름길로 가지 않는다. 자연은 계절을 건너뛰지 않는다. 자연은 즉각적인 결과를 제공하지 않는다. 우리는 수확하기 전에 심어야만 한다. 예외는 존재하지 않는다.

원할 때 원하는 것을 갖는 것은 분명 솔깃하지만 그것은 진실성이 아니다. 진실성은 모든 부분들의 합이고, 지름길은 당연히 모든 부분들을 포함하지 않는다. 진실성은 시간, 노력, 일관성, 목적이 결합된 것이다.

또한 진실한 삶은 다른 사람들의 도움과 심리적 지지와 조언을 받아들이고, 인정하고, 포함시키는 것을 뜻한다. 집적회로는 필요한 모든 구성 요소들을 일체화시켜 한곳에 결합한다. 우리가 다른 사람들과 연결되고 서로의 장점을 공유할 때 우리는 삶을 통해 흐르는 집적회로를 갖게 된다.

인간 집적회로의 예로 아버지와 아들인 패트릭 존 휴스와 패트릭 헨리 휴스를 들 수 있다. 나는 이 두 명의 패트릭을 순회강연에서 만났다.

패트릭 헨리 휴스는 안구가 없으며, 또한 굳어진 관절을 갖고 태어나서 팔다리를 곧게 펴지 못했다. 눈이 보이지 않고 몸이 불구인 소년에게 미래는 거의 없어 보였다. 그러나 그가 거실에 있는 피아노 의자를 받치고 앉을 만큼 자랐을 때 그의 부모는 예사롭지 않은 발견을 했다. 한 살짜리 아이가 어떤 선율을 듣고 나서 거의 즉시 그 선율을 연주할 수 있었다. 더 기적적인 일은 이 아이가 1년 뒤 두 살이라는 어린 나이에 신청곡을 연주하기 시작했다는 것이었다.

패트릭의 부모는 아들에게 음악적 재능을 개발하는 모든 기회를 제공하기 위해 탐색에 나섰다. 패트릭이 고향인 켄터키 주 루이빌에 있는 고등학교를 졸업했을 무렵에는 이미 명성이 자자해져서 루이빌 대학교의 악단 감독이 패트릭에게 학교 고적대 대원이 되어 달라고 부탁했다.

패트릭은 악단에 합류해 달라는 요청이 기뻤지만 동시에 어리둥절했다. 그는 알고 싶었다.

"아니, 도대체 내가 어떻게 행진을 한단 말이지?"

그때 패트릭의 아버지가 돕기로 나섰다.

악단 감독은 패트릭이 휠체어에 앉아서 트럼펫을 불고, 그의 아버지가 경기장에서 휠체어를 밀어 줄 수 있는 배치를 만들었다. 그렇게 해서 그들은 루이빌 고적대의 2인 대원이 되었다. 모든 경기가 있을 때마다 두 사람은 고적대의 모든 대원들과 함께 대형 속에서 자리를 잡았다. 두 사람이 마치 한 사람처럼 동작을 완성해 나가는 그 광경은 모두에게 감동과 영감을 주었다. 행렬이 끝나면 패트릭은 미식축구 선수들처럼 팬들로부터 수많은 하이파이브를 받았다.

고적대에서 연주하는 것이 패트릭의 유일한 성취가 아니었다. 그의 부모는 아들이 자신의 길과 목표를 찾을 수 있도록 그들이 도울 수 있는 한 많은 기회들을 제공했다. 패트릭은 내슈빌의 '그랜드 올 오프리'에서 워싱턴 D.C.의 '케네디 센터'까지 여러 무대에서 자신의 음악을 연주했다. 그리고 그러한 성취들을 『나는 가능성이 있다 *I Am Potential*』라는 책 속에 자세히 적었다.

패트릭은 텔레비전 방송 인터뷰에서 이렇게 말했다.

"나는 조금도 장애를 갖고 있지 않아요. 더 많은 능력을 가지고 있습니다. 신은 내가 앞이 보이지 않고 걸을 수 없게 만드셨어요. 그러나 그게 무슨 대수인가요? 그분은 나에게 음악적 재능을 주셨고, 새로운 사람들을 만나는 멋진 기회를 주셨어요."

패트릭 가족은 한 단위의 다양한 부분들이, 이들의 경우에는 가족 구성원들이 함께 모였을 때 생기는 힘과 위력을 보여 주는 전형적인 예이다. 다함께 힘을 모으지 않았다면 전혀 불가능했을 일이었다. 그보다 수십 년 전에 어린 패트릭처럼 비슷한 길을 걸었던 헬렌 켈러는 말했다.

"우리는 혼자서는 조금만 할 수 있지만, 함께하면 많은 일을 할 수 있습니다."

한 집단이 공동의 목적을 위해 행동에 나설 때 일어나는 일은 실로 놀랍다. 호텔 식당 업계에서 일하는 나의 동료 빌리 쇼어가 전국에 있는 레스토랑 경영자 단체를 결성했을 때 나는 그것의 극적인 사례를 목격했다. 그들은 어린이 기아 퇴치를 위한 활동에 집단으로 착수했다. 밤마다 미국과 전 세계 수백만 명의 아이들이 굶주린 채로 잠이 든다. 그들이 시작한 일은 고귀하면서도 만만치 않은 도전이었다. 그러나 이 기업주들은 자신들의 사업장에서 엄청난 분량의 음식이 매일 버려진다는 것을 알고 있었다. 그들은 그렇게 남는 음식들을 필요한 아이들에게 나누어 주는 계획을 세웠다. 나아가 그들의 단합된 요리 기술을 이용해 기금을 모아서 더 많은 식량을 가난한 사람들에게 나누어 주는 취지의 '미국의 맛Taste of the Nation' 행사를 준비했다. 첫 4년 동안 SOS(Share Our Strength, 기아 퇴치 운동을 벌이는 미국의 비영리단체)가 4천만 명 이상의 배고픈 아이들에게 식사를 제공했다. 이후 매년 그 숫자는 계속 증가했다. 빌리 쇼어는 혼자서는 많은 일을 할 수 없다는 것을 알았다. 다른 사람들과 연결되자 수백만 명에게 음식을 공급할 수 있었다. 그렇지 않았다면 굶주린 채로 잠이 들었을지도 모르는 아이들에게.

우리의 길은 혼자 여행하게끔 되어 있지 않다. 우리의 목적을 발견하고 실현하도록 도와주기 위해 우리의 길에 나타난 사람들을 알아보는 일은 매우 중요하다. 중요한 길잡이들을 찾아서 방향을 안내하고 조언해 주는 개인적인 자문위원이 되게 해야 한다. 그 조언자들의 재능과 장점과 경험은 우리의 약점과 경험 부족을 아무 상관없는 것으로 만든다. 우리가 자신의 강점에 집중하도록 돕기 때문이다.

나폴레온 힐은 말했다.

"사람들은 공감과 조화의 정신 속에 만나는 사람들의 본성과 습관과 생각의 힘을 받아들인다. 두 마음이 하나가 되면 언제나 제3의 마음과 같은, 눈에 보이지 않고 만져지지 않는 제3의 힘을 창조한다."

자신에게 개인적으로 조언해 줄 수 있는 사람들에게 다가가 우리의 독특한 장점을 확인하고 발전시킬 수 있도록 도와달라고 부탁함으로써 우리는 학습 곡선의 맨 위에서 시작할 수 있고 삶에서 개인적인 힘을 확고히 할 수 있다. 그들은 우리가 삶에서 목표한 것을 이루도록 돕기 위해 통찰과 제안과 계획들을 이끌어 낼 것이다.

완전한 팀을 창조한다는 것은 성장하고, 개선하고, 배우고, 변화를 가져오는 사람들이 우리를 둘러싸고 있다는 것을 의미한다. 기업가이자 유명한 강사인 짐 론은 우리에게 상기시킨다.

"우리는 우리가 가장 많은 시간을 함께 보낸 다섯 사람들의 평균이다."

장점들이 통합될 때 팀 전체는 늘 부분의 합보다 더 커진다. 그것이 시너지의 궁극적 의미이다. 모든 사람들이 기여할 때 놀라운 일들이 일어난다.

랄프 왈도 에머슨은 말했다.

"어떤 언어도 개인의 진실성에 담긴 신성함에 대한 내 느낌을 충분히 전달할 만한 힘을 갖고 있지 않다."

'신성한 sacred'은 '바쳐서 성스럽게 만들다'라는 뜻의 라틴어 '사크라레 sacrare'에서 왔다. 그리고 '개인 private'은 '자신에게 속하다'라는 뜻의 라틴어 '프리바투스privatus'에서 왔다. 참된 진실성을 지닌 삶은 개인적인 것과 신성한 것을 아우른다. 전체와 신성함은 항상 존재하는 나의 동반자들이다.

토마스 에디슨은 말했다.

"만일 우리가 할 수 있는 일을 모두 한다면 그야말로 우리 자신이 가장 놀라게 될 것이다."

삶의 기술에 통달한 대가들은 일과 놀이, 노동과 여가, 정신과
육체, 정보와 재창조, 사랑과 종교를 구별하지 않는다.
그들은 어느 것이 어느 것인지 좀처럼 알지 못한다. 자신들이
일하고 있는지 놀고 있는지에 대한 구별은 남들에게 맡기고,
그들은 다만 자신이 하고 있는 일에서 최고가 되려는 비전을
추구한다.   _제임스 미치너, 미국의 소설가

아서와 함께한 마지막 단어 수업

나는 아서에게 어서 보여 주고 싶은 것이 있었다. 그것은 빈의 어느 거리에서 예기치 않게 아무런 예고도 없이 시작된 여행이었으며 지난 4년 반 동안의 나의 삶이었다. 유럽의 심장부인 그곳에서 어느 지혜로운 인도인이 나에게 '겐샤이'라는 단어를 가르쳐 주었다. 나는 그것을 비밀의 단어라고 부르곤 했다. 그 우연한 만남은 나로 하여금 다른 단어들의 비밀을, 그리고 단어가 가진 신비한 힘을 발견하도록 도와줄 사람들을 찾아 나서게 만들었다.

그렇게 찾아다니다가 나는 이 지혜롭고 열정 넘치는 '단어의 대가'를 만나게 되었고, 그는 누구에게나 자신의 길에 이르도록 도와주는 단어가 있다는 진리를 보여 주었다.

나는 서류 가방에서 두꺼운 원고 뭉치를 꺼냈다. 그 안에는 이 책의 각 장 제목이 된 11개의 단어들, 즉 '겐샤이', '길을 발견하는 사람', '나마스테', '열정', '사페레 베데레', '겸손', '영감을 주다', '공감', '코치', '올린', '진실성'이 담겨 있었다.

전부 아서와 함께 토론해 온 단어들이며, 그가 놀라운 지혜와 통찰력으로 자세히 설명해 준 단어들이었다.

그는 세월을 드러내는 주름진 얼굴에 호기심 많은 아이 같은 표정을 지으며 큰 손을 내밀어 내 원고 묶음을 받았다. 이름하여 단어들의 선물이었다! 아서에게는 크리스마스 아침과도 같은 기쁜 순간이었다.

그는 제목이 적힌 페이지를 넘기고 첫 장을 읽기 시작했다. 그가 말했다.

"오, 이거 놀라운 걸. 지금 당장 전부 읽지 않고는 견디지 못하겠어요. 오늘 밤부터 바로 읽어야겠어요. 고마워요, 케빈."

나는 그가 그렇게 말해 주어 감사했지만 한편으론 걱정스러웠다. 세상이 인정하는 단어의 대가에게 단어에 대한 책을 내민다는 것은 참으로 쑥스러운 일이었다. 내가 얼른 부인하고 나섰다.

"아닙니다. 아직 대충 쓴 원고이고 오류투성이라서……."

그러나 아서는 원고에서 눈을 떼지 않은 채 손을 저었다.

"훌륭한 원고라고 나는 확신합니다. 최고의 작품을 완성한 것이 틀림없어요."

아서의 1인용 원룸에 앉아 있다 보니 그가 내게 보여 준 한결같은 친절과 인내심이 떠올랐다. 그곳은 그토록 풍부하고 다양하고 올바르게 여행한 93년의 삶이 지나고 이제 그의 모든 세속적인 소유물이 단출하게 보관되어 있는 작은 방이었다. 나는 대부분의 경우 수업 시간에 늦곤 했는데 내가 지각할 때에도 그는 배려심을 가지고 품위 있게 받아들였다. 그의 삶의 이야기가 이 책의 단어들에 반영되어 있다는 것을 나는 깨달았다.

젠샤이 Genshai – '누구도 작은 존재로 대하지 않는다.' 자신의 아파트에 함께 거주하는 이웃에서부터 그를 찾아오는 모든 방문객과 가족과 친구들까지 아서는 어느 누구도 그들이 작은 존재라고 느끼도록 대하지 않는다. 그는 그 방에서 당신이 가장 중요한 사람이라고 느껴지게 한다.

길을 발견하는 사람 Pathfinder – '지도자.' 아서는 문자 그대로 자신의 귀를 땅에 대고 주의를 기울여 단어가 가진 힘의 비밀을 드러내는 표시나 단서를 끊임없이 읽는다.

나마스테 Namaste – '가슴속 신에게 절하기.' 날마다 그는 자신이 가장 잘하는 것에 집중한다.

열정 Passion – '가장 사랑하는 것을 위해 기꺼이 고통받는 것.' 그는 단어를 사랑하고 자신의 가족을 사랑하기에 이 둘 다를 위해 기꺼이 고통받으며 자신의 일생을 보냈다.

사페레 베데레 Sapere Vedere – '보는 법을 아는 것.' 귀가 잘 들리지 않고 눈이 잘 보이지 않는 고령임에도 불구하고 그의 통찰력에는 아무 이상이 없다.

겸손 Humility – '잘 지도 받을 수 있고 잘 배울 수 있기.' 그는 여러 나라 언어의 셀 수 없이 많은 단어들을 알고 있지만 날마다 새로운 단어를 공부하기 위해 거울에 붙여 둔다.

영감을 주다 Inspire – '다른 사람의 삶에 숨을 불어넣기.' 내가 그의 방으로 들어갈 때마다 그는 나와 나의 꿈에 생기를 불어넣는다.

공감 Empathy – '다른 사람의 길을 걸어 보기.' 언어와 인간에 대한 사랑으로 인해 다른 사람들과 관계를 맺는 그의 능력은 한계가 없다.

코치 Coach – '사람들을 데려다 주기.' 그는 목요일 오후에 정기적으로 열리는 '문화 캡슐' 강의를 통해 자신의 아파트에 사는 사람들을 세상 여기저기로 데려다 준다.

올린 Ollin – '온 심장을 다해 앞으로 나아가기.' 전 생애 동안 그는 자신의 재능을 가지고 모든 것을 걸고 올인했다.

진실성 Integrity – '완전하고 온전한.' 그의 전 생애의 작품이 완전함을 반영한다.

나는 원고를 한 장 한 장 넘겨 읽어 내려가는 아서의 모습을 훔쳐보았다. 나의 위대한 스승의 빛나는 지혜 덕분에 단어들이 내 마음속에서 영원히 탈바꿈했다는 것을 나는 깨달았다. 아서는 진정으로 내 삶의 위대한 선물 중 하나이다.

나는 가방에서 일기 수첩을 꺼내 '내가 만난 위대한 사람들' 페이지를 그의 앞에 내밀며 말했다.

"여기에 서명해 주시면 영광이겠습니다."

그는 주저하지 않고 나의 펜을 받아서 자신의 이름을 서명했다.

마음에 밑줄을 긋는 긍정의 단어

얼마 전 이웃 분의 집에서 처음으로 텃밭 일을 해보았습니다. 맨발로 부드러운 흙을 밟으며 이랑을 만들어 상추와 고추를 심어보니 새삼 생명의 경이로움을 느꼈고, 유기질의 검은 흙 속에서 저 역시 조금 더 성장한 기분이 들었습니다. 그 순간 본문 중에 나오는 '겸손humility'의 어원인, 흙을 의미하는 라틴어 '후무스humus'에 대한 내용이 떠올랐습니다. 겸손이란 자신을 다스리는 일과 다른 사람을 이끄는 핵심이라는 저자의 설명이 조금은 낯설기도 했지만 그렇기 때문에 겸손의 본질에 대해 더 깊이 생각해 볼 수 있었습니다.

저자는 단어 본래의 뜻이 가진 신비로운 힘을 발견해 우리를 삶이라는 여행으로 초대하고 있습니다. '나마스테Namaste', '사페레 베데레Sapere Vedere', '올린Ollin'을 제외하면 이어서 나오는 단어들은 일상생활에서 자주 사용하는 단어들입니다. 그는 그 단어들이 지닌 본래의 뜻과, 저자의 삶을 포함해 자신이 만난 다양한 사람들이 각자 삶에서 보여 준 모습을 연결 지어 하나의 이야기로 풀어내고 있습니다. 삶에 대한 열망으로 가득한 사람들을 통해 배우는 단어들의 뜻은 그 어떤 사전에서도 볼 수 없는 독창적이고 새로운 해석입니다.

맨 처음에 등장하는 고대 힌디어 '겐샤이Genshai'라는 단어는 자신을 포함해서 어느 누구도 작고 하찮은 존재로 대해서는 안 된다는 깊고 심오한 뜻을 지니고 있습니다. 저자가 그랬듯이 저 역시 그 단어를 처음 알게 되었을 때 어떤 충격을 받았습니다. 그동안 자신을 작은 존재로 대하며 살았던 시간이 많았기 때문입니다. 자기 자신을 바라보는 방식이 세상을 바라보는 방식에 반영된다는 말은 진리입니다. 서로 잘 안다는 이유로, 혹은 아예 잘 모른다는 이유로 상대방에게도 무심코 그런 태도를 취하기 쉽습니다. '겐샤이'라는 단어는 사람의 내면을 성장시키는 힘을 가진 단어입니다.

좋거나 나쁘거나 단어가 엄청난 힘을 발휘한다는 것은 그렇게 새로운 사실이 아닙니다. 그러나 우리는 일상에서 그 사실을 자주 잊어버립니다. 당장 오늘 하루 동안, 내가 한 말이나 기록한 단어 중에서 자신에게, 또 다른 사람에게 이로웠던 말이나 단어가 어떤 것이었는지, 혹은 해를 끼친 말이나 단어는 없었는지 생각해

봄 일입니다.

세 번째 단어 '나마스테'의 마지막 부분에서 저자는 각자 자신을 가장 잘 설명하는 단어를 찾아볼 것을 제안합니다. 책을 읽고 그냥 덮는 것보다 실제로 그 단어를 한번 찾아본다면 자신을 새롭게 돌아보는 시간이 될 수 있을 것입니다.

진정으로 마음을 연다면 타인의 삶을 통해 많은 것을 배울 수 있습니다. 이 책에 등장하는 다양한 사람들이 자신의 '가슴 뛰는 삶'에 뛰어드는 모습을 보면서 다시 자극을 받습니다. 자신의 삶을 온전히 산다는 것은, 자신의 길을 제대로 찾아가기 위해 주어진 생명이 다할 때까지 온 마음을 다해 산다는 것은 인간에게 주어진 의무이자 가장 큰 축복이라는 생각도 해 봅니다.

저자 케빈 홀과 아서 왓킨스 두 사람은 아는 사이도 전혀 아니고 무려 한 세대를 넘는 나이 차까지 있지만 오직 '단어'라는 것 하나 때문에 만나게 되었습니다. 배우겠다는 저자의 열망과 기꺼이 가르쳐 주겠다는 아서 교수의 열망이 만나 이 책이 탄생한 것을 보면서, 다른 누군가의 삶이 아닌 진정한 자신의 삶을 충실히 살아가면 생각하지 못한 멋진 결과를 얻을 수 있다는 사실을 다시금 깨달을 수 있었습니다.

번역을 하게 되면서 소중한 만남과 기억들이 많았습니다. 그 모두를 씨앗으로 삼아 저의 마음밭에 심습니다. 많이 부족한 역자에게 이 책을 번역하도록 기꺼이 길을 열어 주시고 포기하려고 할 때마다 일으켜 세워 주신 류시화 시인께 깊이 감사드립니다. 이 책의 탄생을 위해 애쓰신 도서출판 연금술사의 대표님과 매끄럽지 못한 원고를 멋지게 다듬어 주신 오하라 님께도 감사드립니다. 끝으로, 제가 삶의 한 시기를 아프게 지나가고 있을 때 온 마음을 다해 도와주신 김영우 선생님께 지면을 통해 감사드립니다.

민주하

옮긴이 민주하는 1974년 서울에서 태어나 신구대 출판희과를 졸업했나. 학보사 기자를 하면서 글을 쓰며 사는 삶을 꿈꾸었으며, 경기도 파주의 인쇄출판 회사와 디지틀조선일보 온라인뉴스부에서 일했다. 결혼 후 가족을 잃으면서 심리학을 공부하게 되었고, 이후 인간의 내면세계를 알아가는 시간을 가졌다. 치유가 되어 가면서 인간의 정신세계에 도움이 되는 책을 전하는 일에 전념하고 있다.

겐샤이 - 가슴 뛰는 삶을 위한 단어 수업

지은이 _ 케빈 홀
옮긴이 _ 민주하

photograph © Earl Wilkerson, Johan Swanepoel,
Donovan Van Staden, Nejron Photo
Illustration © Yeonleeji

2013년 7월 29일 1판 1쇄 발행
2022년 5월 16일 1판 7쇄 발행

펴낸이 _ 황재성 · 허혜순
책임편집 _ 오하라 · 한나비
디자인 _ 무소의뿔

펴낸곳 _ 도서출판연금술사 (04030) 서울시 마포구 동교로136
신고번호 제2012-000255호 신고일자 2012년 3월 20일
전화 02-323-1762 팩스 02-323-1715
이메일 alchemistbooks@naver.com
www.facebook.com/alchemistbooks

ISBN 979-11-950261-1-1 03190

저작권법에 의하여 보호를 받는 저작물이므로
무단 전재와 복제를 금합니다.
이 도서의 국립중앙도서관 출판예정도서목록(CIP)은
서지정보유통지원시스템 홈페이지(http://seoji.nl.go.kr)와
국가자료공동목록시스템(http://www.nl.go.kr/kolisnet)에서
이용하실 수 있습니다. (CIP제어번호: CIP2013012328)